글자도둑을 잡아라!

김지영 지음

 저자 **김지영**

지은이 김지영 선생님은 가톨릭대학교 교육대학원에서 독서교육을 전공한 독서교육전문가이자 어린이 인문서 작가로 현재 서울신남초등학교에서 즐겁게 생활하고 있어요.

선생님은 세상에 모든 어린이들이 신나게 뛰어놀아 건강한 땀을 흘리고, 좋은 책을 접하며 '평생 독자'로 성장하기를 소망합니다. 그래서 어린이들이 책을 쉽고 재미있게 읽어 이해하는 것은 물론 자신의 생각을 말과 글 등으로 자유롭게 표현해내기 위해 어떤 부분에 집중하고 도움을 주어야 할지 연구하며 다양한 방법으로 실천하고 있어요.

그동안 펴낸 책으로는 초등학생의 언어 실력 향상을 위한 교재 『비주얼씽킹 창의언어놀이』(전4권), 책 만들기 활동을 위한 '책 만들자 뚝딱!' 시리즈 『한국의 옛이야기』, 『세계의 위인이야기』, 『세계 이야기여행』과 『옛날 옛적 이야기』, 또 어린이의 눈높이에 맞게 세상을 열어주는 『직업을 알면 더 재미있는 위인이야기』, 『이야기로 떠나자 세계 한바퀴』 등이 있습니다.

E-mail * mhyukkk@naver.com

블로그 * 책만드는 지영샘 - http://blog.naver.com/mhyukkk

초등국어
코딱지탐정
글자도둑을 잡아라

초판 1쇄 2021년 2월 1일
초판 3쇄 2023년 1월 1일

지은이_김지영
기획·편집_권민서, 김효수   일러스트_조예희   디자인_손미나

발행인_이중우
펴낸곳_도서출판 다다북스
출판등록_제2020-000095호
주소_서울시 강서구 등촌로 191, 3층   www.dadabooks.co.kr   mail@dadabooks.co.kr

ⓒ 김지영, 2021

ISBN   979-11-971562-5-0

▶ 잘못된 책은 구입한 서점에서 바꿔 드립니다.
▶ 이 책에 실린 모든 내용, 디자인, 이미지, 편집 구성의 저작권은 도서출판 다다북스에 있습니다.
　 허락 없이 복제, 배포, 전송할 수 없습니다.

머리말

어린이 탐정 여러분, 안녕하세요?

어린이는 맞는데 탐정은 아니라고요?

여러분은 이 책을 펴는 순간 코딱지탐정과 함께 사건을 해결하는 탐정이 되었어요.

글자를 먹으면 똑똑해질 거라는 엉뚱한 상상을 하는 글자도둑이 나타났거든요.

세종대왕님이 만드신 우리 한글이 사라진다는 건 상상조차 할 수 없잖아요?

코딱지탐정이 은밀하게 수사는 잘하는데 국어 실력이 좀 약하거든요. 이런, 이런!

그럼 우리 어린이 탐정의 역할은 무엇일까요?

바로 코딱지탐정과 코리를 도와 글자도둑을 찾는 거예요.

글자도둑은 우리 주변에 나타나서 글자를 헝클어뜨리고 있어요.

그러니 여러분이 숨겨 두었던 국어 실력을 발휘해서 문제를 맞혀주세요.

에잉? 탐정 역할은 몰라도 공부는 싫다고요?

걱정하지 말아요!

이건 국어 공부가 아닌 놀이거든요. 말놀이! 그러니 미리 걱정할 필요는 없어요.

우리 친구들 초성퀴즈 좋아하지요? 끝말잇기는요?

이처럼 우리는 재미난 말놀이로 글자도둑을 찾아낼 수 있어요.

먼저 암호를 해독해서 글자도둑이 어딨는지를 알아낸 다음 뒤죽박죽 섞여버린 글자들을 말놀이로 하나씩 해결하면 된답니다.

어때요? 이제 가슴이 콩닥거리고, 자신감이 불쑥 솟아났지요?

그럼요, 당연하죠! 우리 어린이 탐정들은 우주 최강이거든요.

자, 그럼 이제 글자도둑을 잡으러 출-발!!!

PS. 글자도둑을 잡거든 코딱지탐정과 코리가 살고 있는 코코탐정사무소로 놀러오세요~

어린이 탐정들과 따뜻한 코코아를 함께 마실 날을 기대하며 **김 지 영**

목차

글자도둑이 나타났다! 10

I 집안의 글자가 사라진다!

1. 요리조리 말놀이, 암호 해독 14
   - ✦ 어느 집으로 가야 할까?
   - ✦ 사라진 글자를 넣어라!

2. 뒤죽박죽 말놀이, 글자 조합 16
   - ✦ 빨리 쫓아가자!
   - ✦ 으악, 몇 마리야?

3. 싱글벙글 말놀이, 초성 퀴즈 18
   - ✦ 날아다니는 물건을 잡아라!
   - ✦ '부엌'의 짝꿍 말은 뭘까?

4. 알콩달콩 말놀이, 끝말잇기 20
   - ✦ 주방을 조용히 만들자!
   - ✦ 바른 말로 내 마음을 전하자!

✨ 쉬어가기: 미로 찾기 22

5. 아롱다롱 말놀이, 삼행시 24
   - ✦ 책상 위에 사인펜이 말을 한다!
   - ✦ 벽을 무너뜨린다고?

6. 옥신각신 말놀이, 다섯 고개 26
   - ✦ 여름에 사용하는 물건이다!
   - ✦ 가족의 호칭을 알아?

7. 시끌벅적 말놀이, 잰말 놀이 28
   - ✦ 아이고, 시끄러워라!
   - ✦ 엉덩이가 벌름벌름?

8. 룰루랄라 말놀이, 낱말 찾기 30
   - ✦ 눈을 크게 뜨고 찾아라!
   - ✦ 할머니와 코알라가 만난다면?

✨ 쉬어가기: 숨은그림 찾기 32

9. 티격태격 말놀이, 꽁지 따기 34
   - ✦ 꼬리에 꼬리를 물자!
   - ✦ 너는 내가 제일 좋아?

10. **신통방통 말놀이, 십자말풀이** 36
    - 너도나도 좋아하는 까만 면 요리!
    - '음식'하면 어떤 음식이 떠올라?

11. **오순도순 말놀이, 속담 풀이** 38
    - 친구들에게 알려주고 싶은 속담
    - 떡복이 대 떡볶이, 뭐지?

12. **알쏭달쏭 말놀이, 수수께끼** 40
    - 밥을 먹고 만나는 거지가 있다!
    - 첫 번째 변신한 것은?

🔑 글자도둑을 찾아라: 첫 번째 변신한 것을 찾아라! 42

II 놀이터의 글자가 사라진다!

1. **요리조리 말놀이, 암호 해독** 46
   - 어느 놀이터로 가야 할까?
   - 하나, 둘, 셋, 낱말로 넣어라!

2. **뒤죽박죽 말놀이, 글자 조합** 48
   - 글자 보며 돌아라!
   - 풍선은 모두 몇 개일까?

3. **싱글벙글 말놀이, 초성 퀴즈** 50
   - 붕붕 떠 있는 미끄럼틀을 잡아라!
   - 올라갔다 내려갔다 하는 것은?

4. **알콩달콩 말놀이, 첫 글자 잇기** 52
   - 시소야, 움직이지 마!
   - 예의 바르게 내 마음을 전하자!

✨ 쉬어가기: 미로찾기 54

5. **아롱다롱 말놀이, 삼행시** 56
   - 방울새가 삼행시를 짓는다!
   - 어떤 색으로 칠하지?

6. **옥신각신 말놀이, 다섯 고개** 58
   - 소리 나지 않는 나팔이다!
   - 어떤 직업을 가질까?

목차

7. **시끌벅적 말놀이, 잰말 놀이** ... 60
   - 정신을 쏙 빼놓자!
   - 장미 한 마리?

8. **룰루랄라 말놀이, 낱말 찾기** ... 62
   - 학용품을 잡아라!
   - 도깨비에게 색종이를 준다면?

✨ **쉬어가기: 숨은그림 찾기** ... 64

9. **티격태격 말놀이, 꽁지 따기** ... 66
   - 같은 말로 꼬리를 물자!
   - 우리 소꿉놀이할까?

10. **신통방통 말놀이, 십자말풀이** ... 68
    - 어버이날 부모님 가슴에 다는 꽃!
    - '곤충'하면 어떤 곤충이 떠오르지?

11. **오순도순 말놀이, 속담 풀이** ... 70
    - 동물이 등장하는 재미난 속담
    - 쓰레기 대 쓰래기, 뭐지?

12. **알쏭달쏭 말놀이, 수수께끼** ... 72
    - 공기 먹고 퉁퉁해지는 것이 있다!
    - 두 번째 변신한 것은?

🔑 **글자도둑을 찾아라: 두 번째 변신한 것을 찾아라!** ... 74

III. 글자도둑을 찾아라!

1. **요리조리 말놀이, 암호 해독** ... 78
   - 글자도둑, 어디 있을까?
   - 도대체 무슨 말이지?

2. **뒤죽박죽 말놀이, 글자 조합** ... 80
   - 글자도둑이 입은 옷을 알아내자!
   - 무슨 색이 제일 많아?

3. **싱글벙글 말놀이, 초성 퀴즈** ... 82
   - 음식이 날아다닌다!
   - 비슷한 짝꿍 말을 없앤다고?

4. **알콩달콩 말놀이, 끝 글자 잇기** 84
   - ✦ 글자도둑의 신발을 알아내자!
   - ✦ 적당한 말로 내 마음 전달하기

✨ **쉬어가기: 미로찾기** 86

5. **아롱다롱 말놀이, 삼행시** 88
   - ✦ 우리도 멋지게 지을 수 있다!
   - ✦ 담장이 허물어진다고?

6. **옥신각신 말놀이, 다섯 고개** 90
   - ✦ 글자도둑이 무언가 들고 있다!
   - ✦ 글자도둑의 휴대전화 번호는?

7. **시끌벅적 말놀이, 잰말 놀이** 92
   - ✦ 혀가 배배 꼬인다!
   - ✦ 너, 몇 살이니?

8. **룰루랄라 말놀이, 낱말 찾기** 94
   - ✦ 하늘 한 번 쳐다보자!
   - ✦ 신데렐라와 콩쥐가 만난다면?

✨ **쉬어가기: 숨은그림 찾기** 96

9. **티격태격 말놀이, 꽁지 따기** 98
   - ✦ 숫자로 꼬리를 물자!
   - ✦ 그러나, 그래서, 뭐라고?

10. **신통방통 말놀이, 십자말풀이** 100
    - ✦ 거미가 뽑아낸 그물!
    - ✦ '운동'하면 어떤 운동이 떠오르지?

11. **오순도순 말놀이, 속담 풀이** 102
    - ✦ 글자도둑에게 알려주고 싶은 속담
    - ✦ 발가락 대 발꼬락, 뭐지?

12. **알쏭달쏭 말놀이, 수수께끼** 104
    - ✦ 병아리가 잘 먹는 약이 있다!
    - ✦ 마지막 단서를 찾아라!

🔑 **글자도둑을 찾아라: 글자도둑, 바로 너야!** 106

도움 답안과 지도 가이드 108

<코딱지탐정의 초등국어 대탐험>은 아이들이 말놀이로 즐겁게 놀면서 어휘력과 창의력을 키울 수 있도록 구성한 놀이책입니다. 아이들을 위해 이렇게 지도해 주세요!

1. 아이표 공부를 응원해 주세요!

흥미진진한 탐험 속 주인공은 다름 아닌 독자 어린이들이에요. 아이들이 주도적으로 놀이를 이끌어 가도록 옆에서 지켜봐 주세요. 아이들은 주도성과 자율성을 인정받을 때 잠재력을 끌어냅니다. 대답할 때까지 시간이 걸리더라도, 또 엉뚱한 대답을 하더라도, 우선 칭찬해 주세요. 아이들이 성취감을 느끼면서 아이표 공부를 시작하도록 말이에요.

2. 놀이도 배움의 시간이에요!

놀이 학습에서 문자 학습으로 넘어가는 시기의 어린이들에게는 공부는 꽤나 힘든 일입니다. 이 책을 접하는 순간만큼은 공부가 아닌 놀이로 접근할 수 있도록 이끌어주세요. 정답이 아니더라도, 맞춤법에 틀리더라도 지적하지 마시고, 우선 아이의 생각이 계속 이어지도록 추임새를 넣어주세요. 다양한 말놀이를 통해 어휘력과 창의력이 자라날 거예요.

3. 함께 즐겨주세요!

혼자 하는 놀이는 재미가 덜합니다. 함께할 때 즐거움이 폭발합니다. 이 책은 '함께 노는' 책입니다. 형제끼리 함께 놀게 해도 좋고, 부모님이나 지도 선생님이 함께해도 좋습니다. 아이와 주거니 받거니 하면서 놀이를 즐겨보세요. 서로 스스럼없이 생각과 감정을 나누는 가운데, 아이들의 어휘력과 언어유창성이 쑥쑥 자라날 거예요.

4. 학교 공부와 이어보세요!

이 책의 내용은 '2015 개정 교육과정'의 초등 1~2학년 교과와 연계되어 있어요. 학교 교과 과정과 연계하여 이 책에 나온 다양한 말놀이를 응용하여 즐겨보세요. 사고의 폭이 커지고 어휘력이 폭발하는 시기에 있는 아이들이 학교 공부를 하는 데 실질적인 도움이 될 거예요.

🌑 2015 개정 교육과정 연계

2015 개정 교육과정 국어과에서 지향하는 비판적·창의적 사고 역량, 자료·정보 활용 역량, 의사소통 역량, 공동체·대인 관계 역량, 문화 향유 역량, 자기 성찰·계발 역량 등을 기를 수 있도록 구성했습니다.

- **1학년 1학기**
  바른 자세로 읽고 쓰기, 재미있게 ㄱㄴㄷ, 다 함께 아야어여, 글자를 만들어요, 다정하게 인사해요, 받침이 있는 글자, 생각을 나타내요, 소리 내어 또박또박 읽어요, 그림일기를 써요

- **1학년 2학기**
  소중한 책을 소개해요, 소리와 모양을 흉내 내요, 문장으로 표현해요, 바른 자세로 말해요, 알맞은 목소리로 읽어요, 고운 말을 해요, 띄어 읽어요, 겪은 일을 글로 써요, 인물의 말과 행동을 상상해요

- **2학년 1학기**
  자신 있게 말해요, 마음을 나누어요, 말놀이를 해요, 낱말을 바르고 정확하게 써요, 차례대로 말해요, 마음을 짐작해요, 생각을 생생하게 나타내요, 다른 사람을 생각해요, 상상의 날개를 펴요

- **2학년 2학기**
  장면을 떠올리며, 인상 깊었던 일을 써요, 말의 재미를 찾아서, 인물의 마음을 짐작해요, 일이 일어난 차례를 살펴요, 바르게 말해요, 주요 내용을 찾아요, 칭찬하는 말을 주고받아요, 실감 나게 표현해요

글자도둑이 나타났다!

달콤한 코코아를 마시며 탐정 만화를 읽고 있던 코딱지탐정 앞으로 편지가 한 장 배달되었어요.

코딱지탐정, 잘 지냈나?

골치 아픈 일이 생겨 자네의 도움이 필요하네.

세상의 모든 글자를 먹고 똑똑해지고 싶어 하는 '글자도둑'이 우리 마을에 나타났어.

나도 소문으로만 들었지 한 번도 본 적이 없다네.

왜냐하면 글자도둑은 원하는 대로 변신할 수 있는데, 며칠 전에 처음 변신한 모양이야.

두 번 변신한 모습을 맞추면 원래 모습으로 돌아와 제 발로 감옥에 들어가겠다고 약속했다네.

어떤가? 코딱지탐정이라면 해결할 수 있겠지?

아, 자네를 도와줄 우리 어린이도 한 명 있다네.

바로 지금, 이 글을 읽고 있는 어린이!

- 무지개마을 경찰서장 -

음, 코딱지맛 젤리보다 더 쫄깃한 일이 생겼군! 우리 글자도둑을 잡으러 함께 출발해 볼까?

코딱지 탐정

- **특기:** 코딱지맛 젤리를 늘렸다 튕겨 정확하게 맞추기.
- **취미:** 코딱지맛 젤리를 먹으며 탐정 만화 읽기.
- **좋아하는 음식:** 코딱지맛 젤리와 코코넛 + 코코아.
- **존경하는 사람:** 명탐정 코난.

코리 코딱지탐정의 조수로 결정적인 단서를 알려줌.

글자도둑은 어떤 모습일까요? 상상해 보세요.

멋진 나를 그려 보세요.

글자도둑

- **특기:** 어떤 것이라도 먹고 소화시키기.
- **희망사항:** 세상의 모든 글자를 먹어 똑똑해 지는 것.
- **특이사항:** 두 번 변신을 할 수 있으나 상대방이 맞히면 원래의 모습으로 돌아옴.

나
- 코딱지탐정과 함께 사건을 해결함.
- **특기:** _____

I

집안의 글자가 사라진다!

글자도둑이 우리 글자를 먹어버린다면 정말 상상할 수도 없는 일이 벌어지겠지요? 우리 친구가 코딱지탐정과 함께 힘을 합쳐 글자도둑의 나쁜 계획을 꼭 막아내 주세요. 자, 글자도둑이 첫 번째 변신한 장소를 찾아가 볼까요? 출발!

요리조리 말놀이, 암호 해독

⭐ 어느 집으로 가야 할까?

글자도둑이 암호 편지를 써서 자기가 있는 곳을 알렸어요. 〈암호 해독표〉를 보고 글자를 써 보세요.

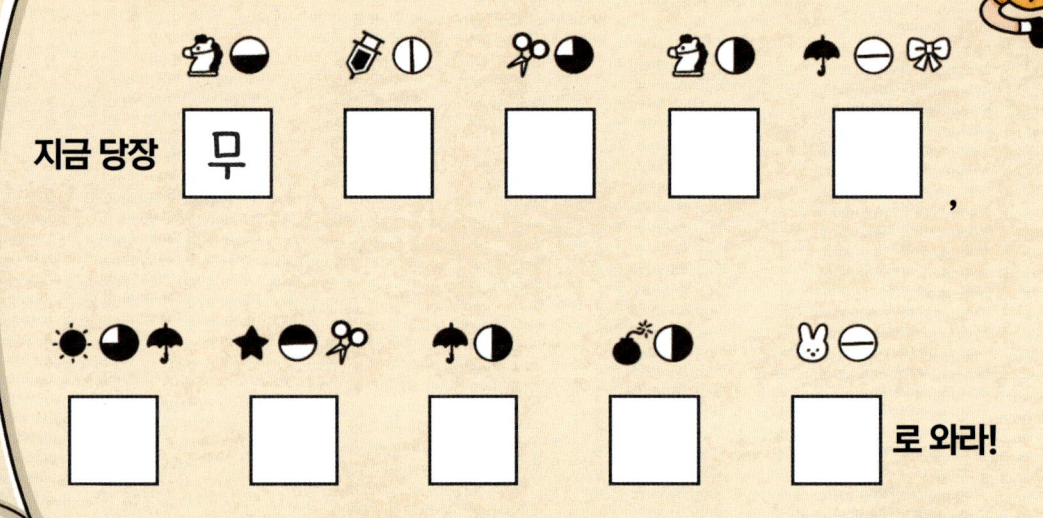

글자도둑이 보낸 암호 편지를 차근차근 한글로 바르게 써 보세요.

암호 해독표

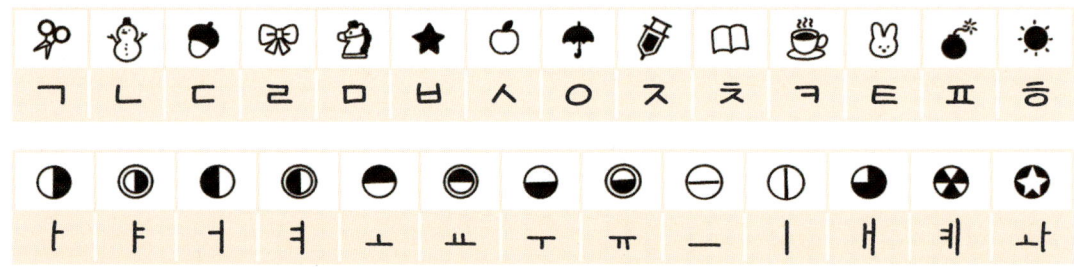

사라진 글자를 넣어라!

글자도둑이 우리가 도착하기도 전에 〈한글표〉의 글자를 중간중간 먹어버렸어요.
표에서 사라진 글자를 적어 보세요.

	ㅏ	ㅓ	ㅗ	ㅜ	ㅡ	ㅣ
ㄱ	가	거	고	구	그	기
ㄴ	나	너	노	누		니
ㄷ		더		두	드	디
ㄹ	라		로	루	르	
ㅁ	마	머	모	무		
ㅂ	바	버		부		비
ㅅ		서	소	수	스	시
ㅇ	아		오	우		
ㅈ		저	조	주		지
ㅊ	차	처		추	츠	
ㅋ	카		코		크	키
ㅌ		터		투	트	티
ㅍ	파	퍼	포		프	
ㅎ	하		호	후		히

위 〈한글표〉에 있는 글자로 낱말을 만들어 주머니에 적어 보세요.(3개 이상)

1글자 낱말: 코
2글자 낱말: 거미
3글자 낱말: 도토리

2. 뒤죽박죽 말놀이, 글자 조합

⭐ **빨리 쫓아가자!**

글자도둑이 허겁지겁 먹은 글자들을 흘리며 뛰어갔어요. 글자가 흩어지기 전에 빨리 쫓아가서 발견한 문장을 써 보세요.

코딱지탐정이 발견한 글자를 바르게 써 보세요.

으악, 몇 마리야?

집 안으로 들어가려는데 개미가 바글바글 하네요. →, ↓, ↘, ↗ 방향으로 '개미'는 몇 마리인지 빠뜨리지 말고 표시해 보세요. 모두 잡아야 들어갈 수 있대요. 집중!

개미는 모두 몇 마리일까요?

_____ 마리

3. 싱글벙글 말놀이, 초성 퀴즈

⭐ **날아다니는 물건을 잡아라!**

현관으로 들어갔더니 **집에 있는 물건** 이름이 날아다니고 있어요. 초성 퀴즈를 맞혀 물건들이 제자리를 찾도록 도와주세요.

- ㅌ ㄹ ㅂ ㅈ
- ㄴ ㅈ ㄱ
- ㅊ ㄷ
- ㅊ ㅅ ㄱ
- ㅇ ㅇ ㅋ
- ㅅ ㅌ ㄱ
- 선 풍 기
- ㅅ ㅍ

★ '부엌'의 짝꿍 말은 뭘까?

집에는 뜻이 비슷한 짝꿍 말이 많이 있네요. 짝꿍 말을 〈보기〉에서 찾아 사다리를 타고 간 곳에 써 보세요.

보기: 변소 부뚜막 부엌 마루 헛간 뜰 울타리 꽃밭

첫 번째 단서!
변신한 글자도둑은 '부엌'과 비슷한 짝꿍 말과 연결된 장소에 있다.
43쪽에 얼른 적어 놓자!

4 알콩달콩 말놀이, 끝말잇기

☆ **주방을 조용히 만들자!**

주방에 있는 물건들이 달그락달그락 움직이기 시작했어요. 주방용품으로 시작하는 끝말잇기를 잘 연결하면 물건들이 다시 조용해진대요.

예 주전자 → 자석 → 석유 → 유치원 → 원숭이 → 이불 → 불고기 → …

냄비 → 비
도마 → 마

⭐ 바른 말로 내 마음을 전하자!

창밖이 시끌시끌해서 보니 아이들이 서로 헤어지며 큰 소리로 인사를 하네요. 글자도둑이 그 소리를 듣고 '인사말'을 없애려고 해요. 상황에 맞는 말로 연결해 보세요.

친구와 처음 만났을 때.	힘 내!
친구가 미술대회에서 상을 탔을 때.	고마워!
친구가 줄넘기를 할 때.	잘 가!
친구가 잃어버린 내 장난감을 찾아줬을 때.	축하해!
즐겁게 놀고 친구와 헤어질 때.	괜찮아?
모르고 친구를 밀었을 때.	반가워!
친구가 넘어졌을 때.	미안해!

미로찾기

5. 아롱다롱 말놀이, 삼행시

★ 책상 위에 사인펜이 말을 한다!

주방도, 창밖도 소란스러워지자 책상에 있는 학용품들이 자기 이름으로 삼행시를 짓고 있네요. 어떻게 삼행시를 지었을까요?

예

- **사** 사랑하는 왕자님을 위해
- **인** 인어 공주님이
- **펜** 펜케이크를 맛있게 만들어요.

- **지** _____
- **우** _____
- **개** _____

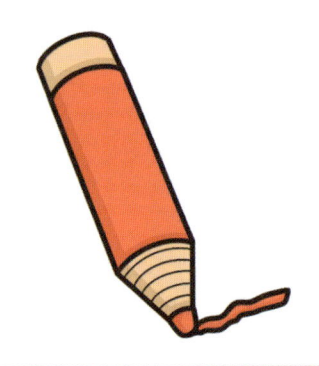

- **색** _____
- **연** _____
- **필** _____

✦ 벽을 무너뜨린다고?

글자도둑이 다양한 집에 대한 설명이 있는 벽을 무너뜨리려고 해요. 낱말의 뜻에 맞는 벽돌을 찾아 같은 색으로 칠해 주세요.

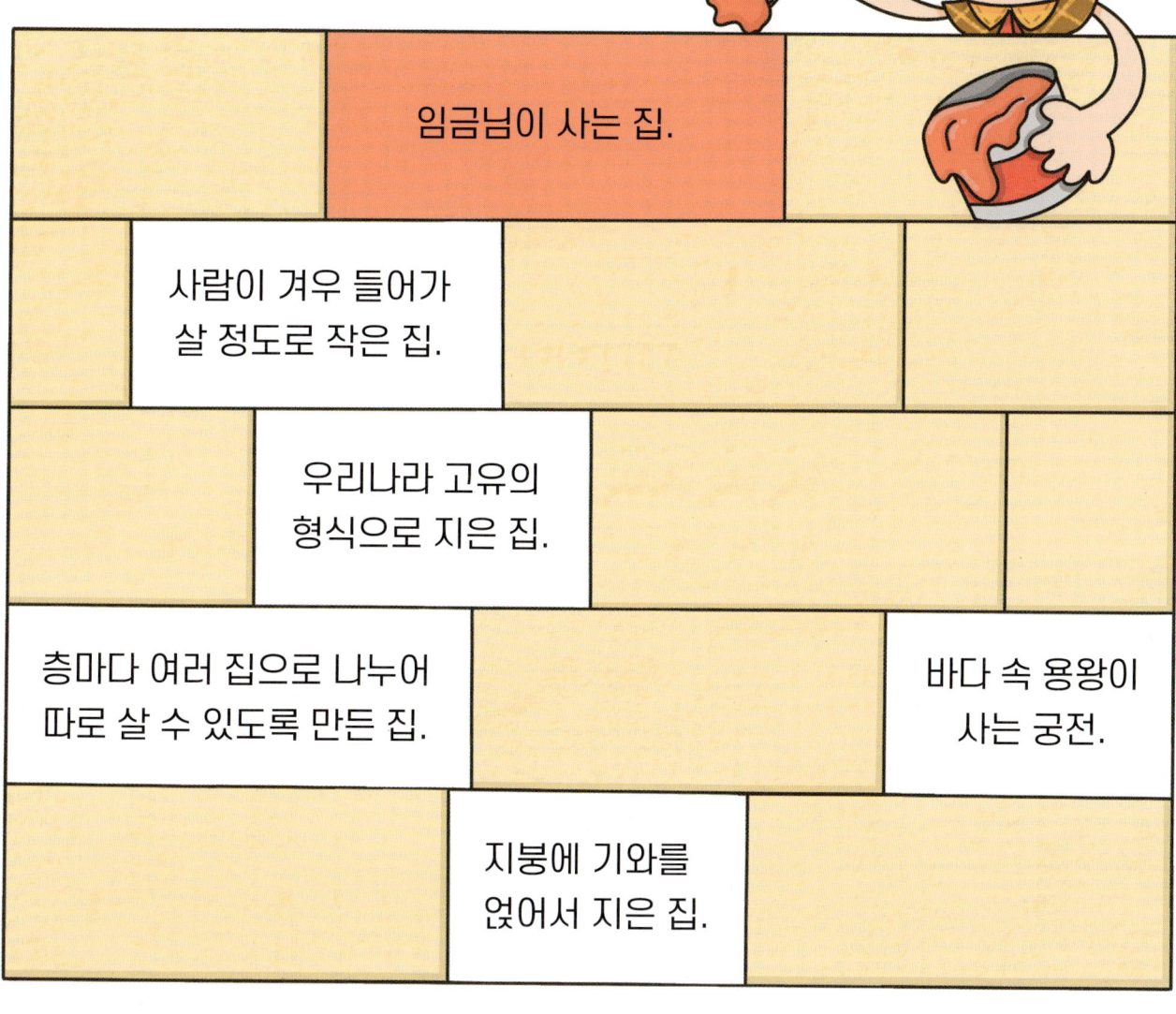

- 임금님이 사는 집.
- 사람이 겨우 들어가 살 정도로 작은 집.
- 우리나라 고유의 형식으로 지은 집.
- 층마다 여러 집으로 나누어 따로 살 수 있도록 만든 집.
- 바다 속 용왕이 사는 궁전.
- 지붕에 기와를 얹어서 지은 집.

궁궐 / 용궁 / 한옥 / 기와집 / 오두막 / 아파트

6. 옥신각신 말놀이, 다섯 고개

⭐ **여름에 사용하는 물건이다!**

'다섯 고개(다섯 번 질문해서 상대방이 마음속으로 정한 것을 알아맞히는 놀이)'를 맞히면 글자도둑이 두 번째 단서를 준대요. 잘 읽고 정답을 써 보세요.

1. 동물입니까?

   아닙니다.

2. 먹을 수 있습니까?

   아닙니다.

3. 사람에게 필요한 물건입니까?

   그렇습니다.

4. 주로 여름에 사용합니까?

   그렇습니다.

5. 전기가 필요합니까?

   그렇습니다.

정답은 (   )입니다.

네, 맞았습니다!

> 두 번째 단서!
> 변신한 글자도둑은 '다섯고개'의 정답과 같은 곳에 있다.
> 43쪽에 얼른 적어 놓자!

⭐ 가족의 호칭을 알아?

글자도둑이 사랑하는 우리 가족 호칭을 아주 길게 적어놨어요. 정말 헷갈려요. 가족 명칭을 아래에서 찾아 바르게 적어 주세요.

7 시끌벅적 말놀이, 잰말 놀이

☆ **아이고, 시끄러워라!**

글자도둑은 시끄러운 것을 아주 싫어한대요. 재미있지만 소리 내기 어려운 문장을 여러 번 빠르고 크게 읽어 줍시다. 글자도둑이 정신을 못 차리도록 말이에요.

갸냐댜랴먀뱌샤야쟈챠캬탸퍄햐

공농동롱몽봉송옹종총콩통퐁홍

봄벚꽃놀이 낮벚꽃놀이 밤벚꽃놀이

봄 꿀밤 단 꿀밤
가을 꿀밤 안 단 꿀밤

✨ 엉덩이가 벌름벌름?

잼말 놀이를 하며 신나게 몸을 움직이자 글자도둑이 화가 나서 우리 몸의 움직임을 나타내는 말들을 모두 흩어버렸어요. 몸과 관련된 말을 〈보기〉에서 찾아 줄을 따라 간 곳에 써 보세요.

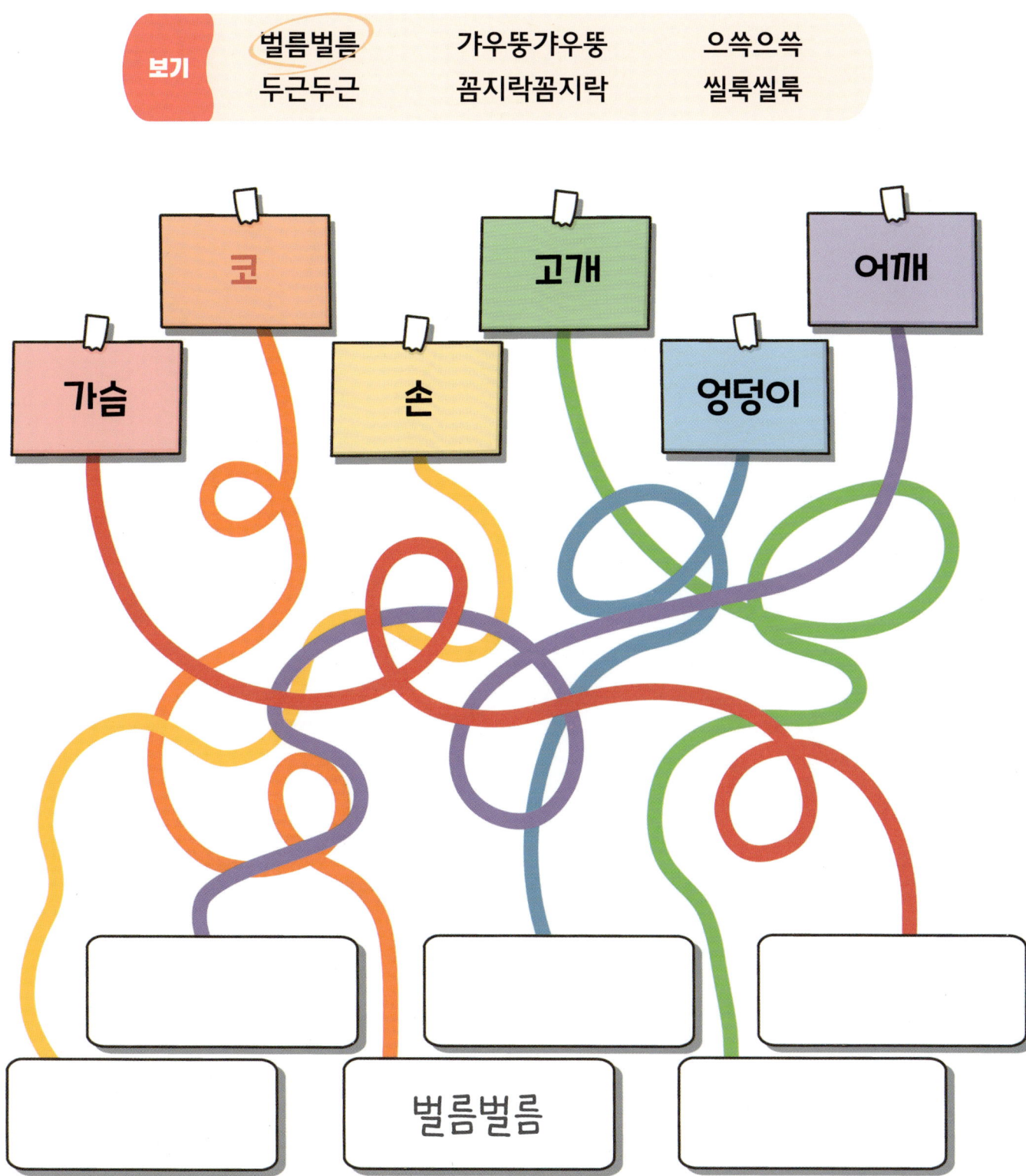

룰루랄라 말놀이, 낱말 찾기

⭐ 눈을 크게 뜨고 찾아라!

글자도둑이 욕실에 들어가서 물건들의 이름을 모두 후 불어 날려버렸어요. 얼른 다시 짝지어 주세요.

치 약 거 건 휴 솔
 칫 수
비 도 푸 지 울
기 면
샴 누

치약			

⭐ **할머니와 코알라가 만난다면?**

글자도둑이 원래 문장이었던 낱말들을 흩어 놓았어요.
남은 2개의 낱말로 새로운 문장을 만들어 주세요.

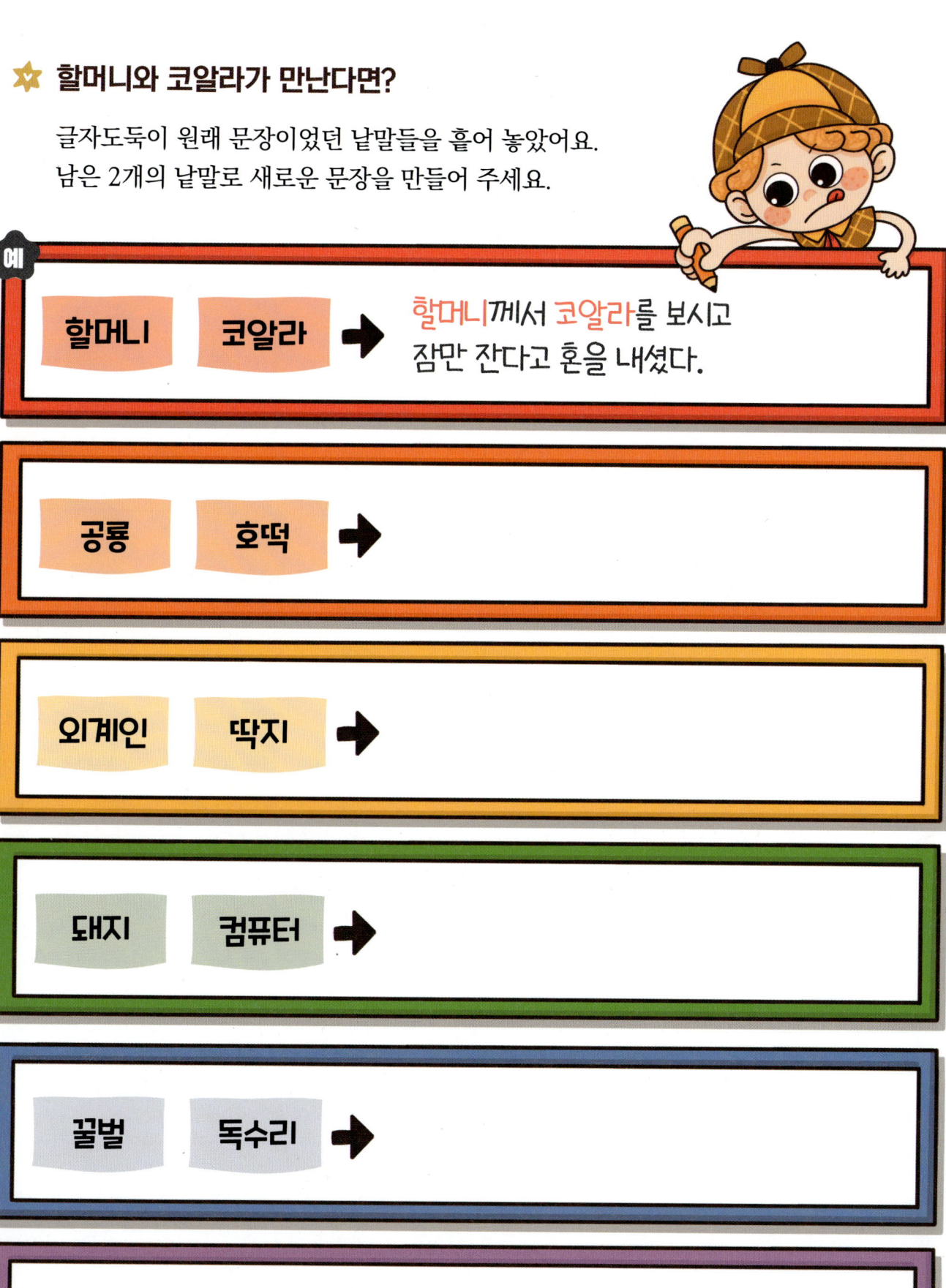

예) 할머니 / 코알라 → 할머니께서 코알라를 보시고 잠만 잔다고 혼을 내셨다.

공룡 / 호떡 →

외계인 / 딱지 →

돼지 / 컴퓨터 →

꿀벌 / 독수리 →

자동차 / 솜사탕 →

숨은그림 찾기

9 티격태격 말놀이, 꽁지 따기

☆ **꼬리에 꼬리를 물자!**

이번에는 우리가 꼬리에 꼬리를 무는 '꽁지 따기 말놀이'로 글자도둑을 헷갈리게 해 보자.

| 예 | 원숭이 엉덩이는 빨개 → 빨가면 사과 → 사과는 맛있어 → … |

코딱지는

⭐ 너는 내가 제일 좋아?

글을 쓸 때 사용하는 '문장부호'를 글자도둑이 마구 먹어 치우고 있어요. 문장부호가 없으면 글을 이해하기 어렵거든요. 문장부호에 대한 설명을 잘 보고, 아래 파란색 칸에 알맞은 문장부호를 써 보세요.

마침표 `.`
설명하는 문장 끝에 쓴다.

물음표 `?`
묻는 문장 끝에 쓴다.

큰따옴표 `" "`
인물이 소리 내어 한 말을 적을 때 쓴다.

쉼표 `,`
부르는 말이나 대답하는 말 뒤에 쓴다.

느낌표 `!`
느낌을 나타내는 문장 끝에 쓴다.

작은따옴표 `' '`
인물이 마음속으로 한 말을 적을 때 쓴다.

우리 가족은 아버지 어머니 나예요 맞다 말썽꾸러기 강아지 뭉치도 있지요

어제는 화장실 휴지를 다 뜯어 놨거든요 하지만 뭉치가 꼬리를 흔들며 따라오면 너무 귀여워요 뭉치는 따뜻하고 포근하고 보드랍지요

뭉치야 너는 내가 제일 좋아 이렇게 물어보면 언제나 멍멍 하는 걸 봐서 뭉치도 저를 좋아하는 게 확실해요

뭉치야 사랑해

10 신통방통 말놀이, 십자말풀이

★ 너도나도 좋아하는 까만 면 요리!

가로, 세로의 설명을 잘 보고 퀴즈를 맞혀 글자도둑의 코를 납작하게 해주자!

세 번째 단서!
변신한 글자도둑은 '십자말풀이' ❺번의 답과 가까이에 있다. 43쪽에 얼른 적어 놓자!

가로 도움말
❶ 고기와 채소를 춘장에 볶은 까만 면 요리.
❸ 동물이나 사람 모양을 한 머리에 뿔이 난 귀신.
❺ 등받이와 팔걸이가 있는 길고 푹신한 의자.
❼ 잠을 아주 많이 자는 사람. ○꾸러기.

세로 도움말
❷ 수염이나 털을 깎는 면도하는 기구.
❹ 왕의 부인.
❻ 갑자기 세차게 쏟아지다가 곧 그치는 비.
❽ 겨울이면 곰, 다람쥐 등이 자는 긴 잠.

☆ '음식'하면 어떤 음식이 떠올라?

글자도둑은 글자를 먹지만 우리는 음식을 먹지요? 음식을 생각하면 어떤 음식이 떠오르나요? 아래 주제어를 보고 떠오르는 낱말을 써 보세요.

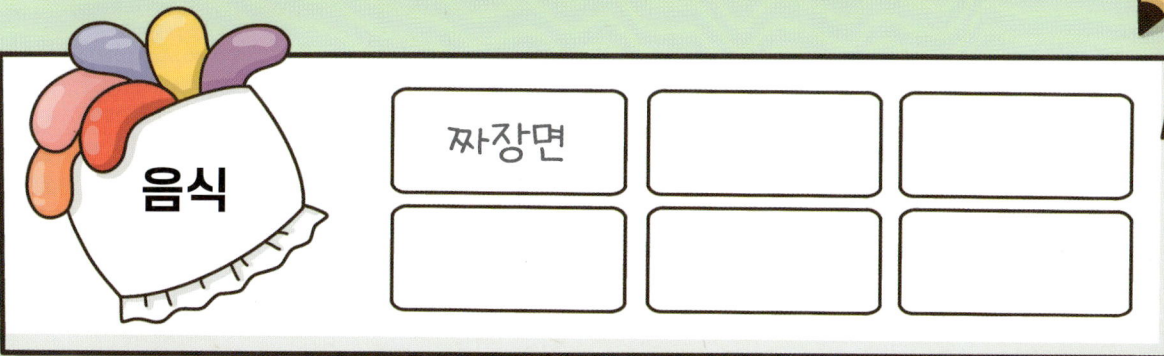

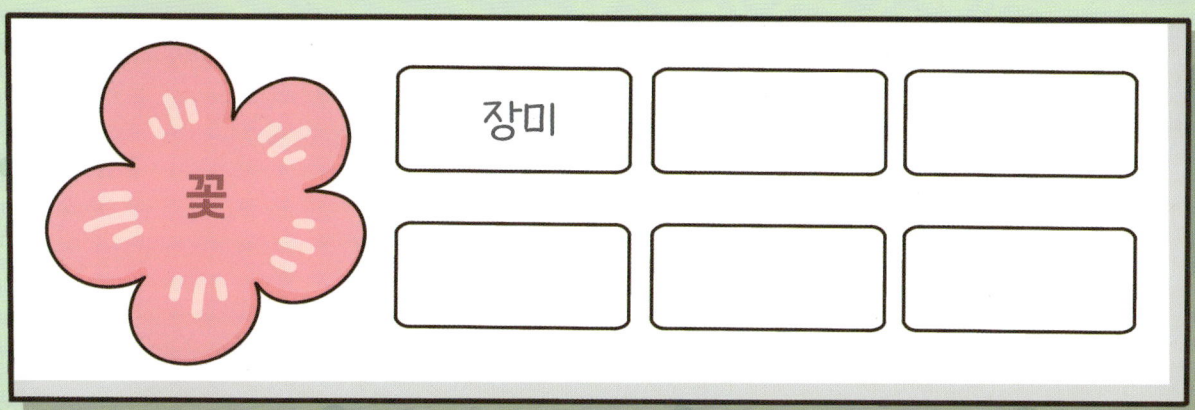

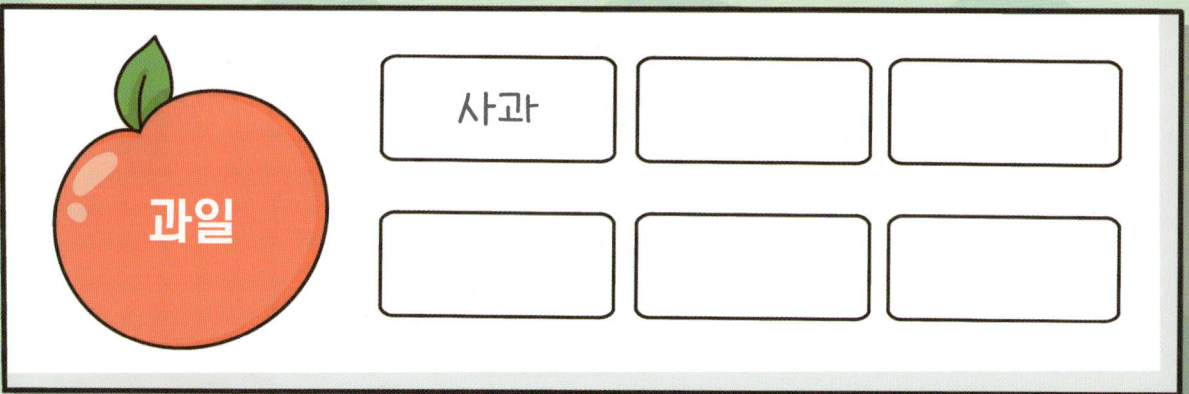

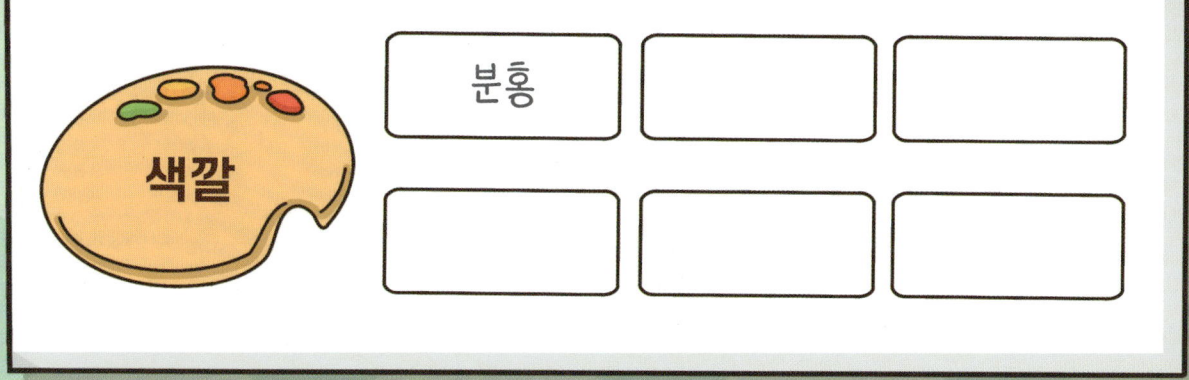

11 오순도순 말놀이, 속담 풀이

☆ **친구들에게 알려주고 싶은 속담**

'속담'은 옛날 어른들의 지혜가 담긴 말이에요. 그래서 속담은 절대 사라지면 안 되지요. 글자도둑이 다 먹어버리기 전에 〈보기〉를 보고, 속담을 완성하세요.

| 보기 | 시작 | 나무 | 여든 | 하늘 | 태산 |

❶ 세 살 버릇이 □□ 까지 간다

어릴 때 몸에 밴 버릇은 늙어서도 고치기 힘들다는 뜻.

❷ □□ 이 반이다

무슨 일이든지 시작하기가 어렵지 시작하면 끝내기는 그리 어렵지 않다는 뜻.

❸ □□ 이 무너져도 솟아날 구멍이 있다

아무리 어려운 일이라도 해결할 방법이 있다는 뜻.

❹ 티끌 모아 □□

아주 작은 것이라도 모이고 모이면 나중에는 큰 것이 된다는 뜻.

❺ 열 번 찍어 안 넘어가는 □□ 없다

여러 번 계속해서 애를 쓰면 어떤 일도 이룰 수 있다는 뜻.

✦ 떡복이 대 떡볶이, 뭐지?

글자도둑이 바르게 쓴 글자와 틀린 글자를 함께 섞어 놓았어요.
바르게 쓴 글자에 동그라미 하세요.

❶ 떡복이 / ⟨떡볶이⟩가 정말 매워요.

❷ 된장찌개 / 된장찌게 냄새가 구수해요.

❸ 깍둑이 / 깍두기는 커다란 무로 만들어요.

❹ 채소가 들어간 볶음밥 / 복음밥이 맛있어요.

❺ 아이스크림은 핥아 / 할타 먹어야 제 맛이지요.

❻ 기름에 지글지글, 부침개 / 부친게가 먹고 싶어요.

❼ 냉면에 넣을 달걀을 삶아요 / 살마요.

❽ 맛있는 미역국이 보글보글 끓어요 / 끌어요.

12 알쏭달쏭 말놀이, 수수께끼

☆ 밥을 먹고 만나는 거지가 있다!

집에 있는 물건을 이용한 수수께끼를 큰 소리로 말하면 글자도둑이 궁금해서 혹시 모습을 드러내지 않을까요?

예) 산은 산인데 비올 때만 드는 산은?
우산

1. 보글보글 소리가 나는 비는?

2. 남이 버리는 것만 먹고 사는 것은?

3. 다리는 네 개인데 걷지 못하는 것은?

4. 불은 불인데 뜨겁지 않는 불은?

5. 머리로 먹고, 옆구리로 내뱉는 것은?

6. 큰 소리로 깨지는 유리창은?

7. 밥을 먹고 꼭 만나는 거지는?

⭐ 첫 번째 변신한 것은?

드디어 글자도둑이 무엇으로 변신했는지 길고 이상한 이름을 말해줬어요. 아래 글자로 낱말을 만들면 우리가 집에서 사용하는 물건 이름이 나와요. 과연 무엇일까요? 낱말을 써 보세요.

공 청 룡 돼 소 원 기 바 지 퀴

예 공룡

1. _____
2. _____
3. _____
4. _____
5. _____
6. _____
7. _____
8. _____

내가 찾은 낱말 중에서 집에서 사용하는 물건은 무엇일까요?

지금 찾은 물건이 첫 번째, 두 번째, 세 번째 찾은 단서와 맞는지 알아보자!

글자도둑을 찾아라

글자도둑이 첫 번째로 변신한 것에 동그라미해 보세요. 코딱지탐정이 코딱지맛 젤리를 튕겨서 맞히도록 도와주세요.

글자도둑이 첫 번째 변신한 것은 바로 저거야!

II

놀이터의 글자가 사라진다!

글자도둑이 첫 번째 변신한 모습을 코딱지탐정이 알아내자, 글자도둑은 어린이들이 좋아하는 놀이터로 갔대요. 과연 이번에는 무엇으로 변신했을까요?

코딱지탐정과 함께 차분하고도 은밀하게 수사를 시작해 볼까요?

1 요리조리 말놀이, 암호 해독

☆ **어느 놀이터로 가야 할까?**

글자도둑이 암호 편지를 써서 자기가 있는 곳을 알렸어요.
〈암호 해독표〉를 보고 글자를 써 보세요.

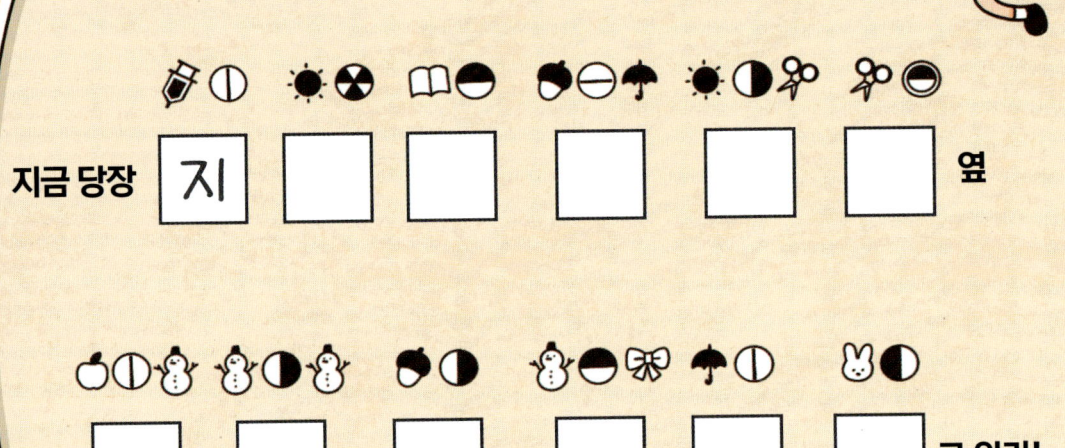

글자도둑이 보낸 암호 편지를 차근차근 한글로 바르게 써 보세요.

암호 해독표

⭐ 하나, 둘, 셋, 낱말로 넣어라!

글자도둑이 우리가 도착하기도 전에 〈한글표〉의 글자를 중간중간 먹어버렸어요. 표에서 사라진 글자를 적어 보세요.

	가	거	고	구	그	기
ㄱ	각	걱	곡		극	
ㄴ	간	건	곤	군	근	긴
ㄷ	갇	걷	곧		귿	
ㄹ		걸	골	굴		길
ㅁ	감	검	곰		금	김
ㅂ	갑		곱	굽	급	
ㅅ		것	곳	굿		깃
ㅇ	강	겅		궁	긍	깅
ㅈ	갖	겆	곶		궂	
ㅊ	갗		곷	궃	궂	깇
ㅋ		걱	콕	쿡		킥
ㅌ	같	겉		굳	긑	깉
ㅍ	갚		곺	굪		깊
ㅎ	항	헝	홍		흥	

위 〈한글표〉에 있는 글자 중 한 글자를 포함한 낱말을 적어 보세요.(3개 이상)

1글자 낱말 — 곰
2글자 낱말 — 김치
3글자 낱말 — 강아지

2. 뒤죽박죽 말놀이, 글자 조합

★ **글자 보며 돌아라!**

글자도둑이 허겁지겁 먹은 글자들을 흘리며 뛰어갔어요. 글자가 흩어지기 전에 발견한 문장을 써 보세요.

코딱지탐정이 발견한 글자를 바르게 써 보세요.

풍선은 모두 몇 개일까?

놀이터로 들어오니 풍선을 놓쳐버린 어린이들이 울고 있네요. 이 친구들의 풍선을 찾아주면 울음을 그치겠지요? →, ↓, ↘, ↗ 방향으로 '풍선'은 몇 개인지 표시해 보세요.

풍선은 모두 몇 개일까요? _____ 개

⭐ 올라갔다 내려갔다 하는 것은?

놀이터에는 올라갔다 내려갔다 하는 놀이기구가 있어요. '올라가다 - 내려가다'처럼 반대 뜻을 가진 짝꿍 말을 〈보기〉에서 찾아 사다리를 타고 간 곳에 써 보세요.

보기 　내려가다　작다　적다　좁다　높다　짧다　닫다　가볍다

첫 번째 단서!
변신한 글자도둑은 올라갔다 내려왔다 하는 놀이기구 중의 하나이다.
75쪽에 얼른 적어 놓자!

4. 알콩달콩 말놀이, 첫 글자 잇기

⭐ **시소야, 움직이지 마!**

놀이터에 있는 기구들이 흔들흔들 움직이기 시작했어요. 놀이기구 이름의 첫 글자로 시작하는 낱말을 잘 연결하면 침착해진대요.

예) 그네 → 그림 → 그물 → 그림자 → 그늘 → 그릇 → 그리스 → …

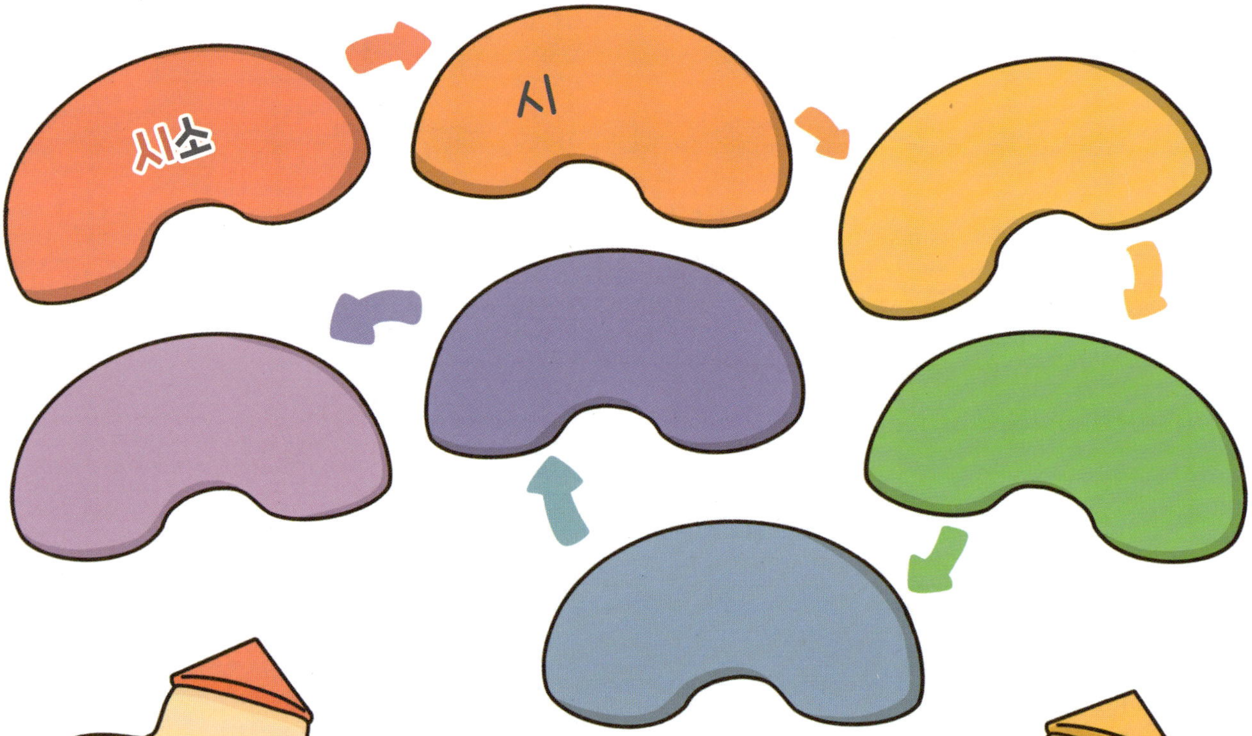

시소 → 시 → …

미끄럼틀 → 미 → …

⭐ **예의 바르게 내 마음을 전하자!**

친구들끼리 하는 말을 어른들께 하는 말로 바꾸려면 어떻게 해야 할까요? 바르게 연결해 보세요.

안녕?	죄송합니다.
고마워.	안녕히 주무세요.
미안해.	안녕하세요?
축하해.	감사합니다.
아프니?	편찮으세요?
밥 먹자.	축하드려요.
잘 자.	진지 잡수세요.

미로찾기

5 아롱다롱 말놀이, 삼행시

⭐ 방울새가 삼행시를 짓는다!

비가 온 다음이라 놀이터에 무지개가 떴네요. 하늘을 날던 비둘기와 방울새도 서로 삼행시를 주고받아요. 어떻게 삼행시를 지었을까요?

예

- **방** 방긋방긋 웃으며
- **울** 울긋불긋 단풍을 보는데
- **새** 새소리가 들리네요. 삐리삐리 뽀로롱!

- **무**
- **지**
- **개**

- **비**
- **둘**
- **기**

⭐ 어떤 색으로 칠하지?

글자도둑이 재미있는 놀이에 대한 설명이 있는 놀이터 벽을 무너뜨리려고 해요. 낱말의 뜻에 맞는 벽돌을 찾아 같은 색으로 칠해 주세요.

| 장난감 그릇이나 기구로 살림살이하는 흉내를 내는 놀이. |

| 다섯 개 정도의 작은 돌을 던져 손으로 잡으며 노는 놀이. | 4개의 윷을 던져 그 결과에 따라 말을 사용하여 승부를 내는 놀이. |

| 종이로 접은 딱지로 상대방의 딱지를 쳐서 뒤집히면 따먹는 놀이. |

| 여러 아이들 중에서 한 아이가 술래가 되어 숨은 아이를 찾는 놀이. |

| 두 편으로 나누어 앞사람의 허리를 잡고 반대편 맨 뒷사람을 잡는 놀이. |

소꿉놀이   윷놀이   공기놀이

술래잡기   딱지치기   꼬리잡기

6 옥신각신 말놀이, 다섯 고개

☆ 소리 나지 않는 나팔이다!

'다섯 고개(다섯 번 질문해서 상대방이 마음속으로 정한 것을 알아맞히는 놀이)'를 맞히면 글자도둑이 두 번째 단서를 준대요. 잘 읽고 정답을 써 보세요.

1. 식물입니까?

그렇습니다.

2. 먹을 수 있습니까?

아닙니다.

3. 겨울에 피는 꽃입니까?

아닙니다.

4. 아침에 피는 꽃입니까?

그렇습니다.

5. 나팔 모양을 닮았습니까?

그렇습니다.

정답은 (　　　　　　)입니다.

네, 맞았습니다!

두 번째 단서!
변신한 글자도둑은
'다섯 고개'의 정답 옆에 있다.
75쪽에 얼른 적어 놓자!

⭐ 어떤 직업을 가질까?

글자도둑이 우리가 커서 가질 수 있는 직업 이름을 아주 길게 적어놨어요. 정말 헷갈려요. 직업이 사라지기 전에 직업 이름을 아래에서 찾아 바르게 적어 주세요.

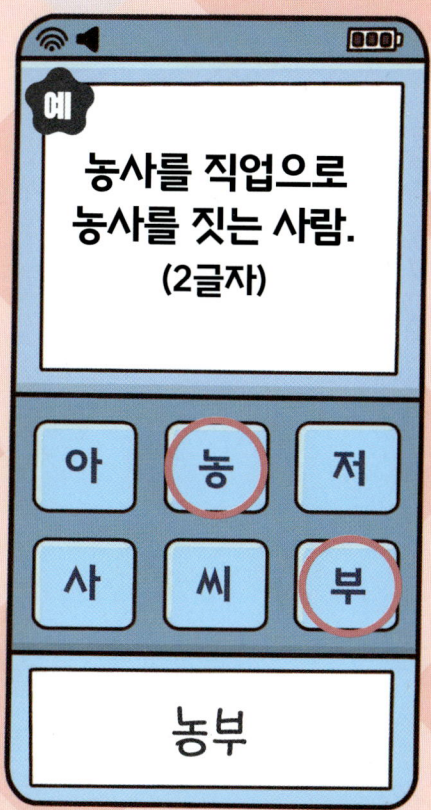
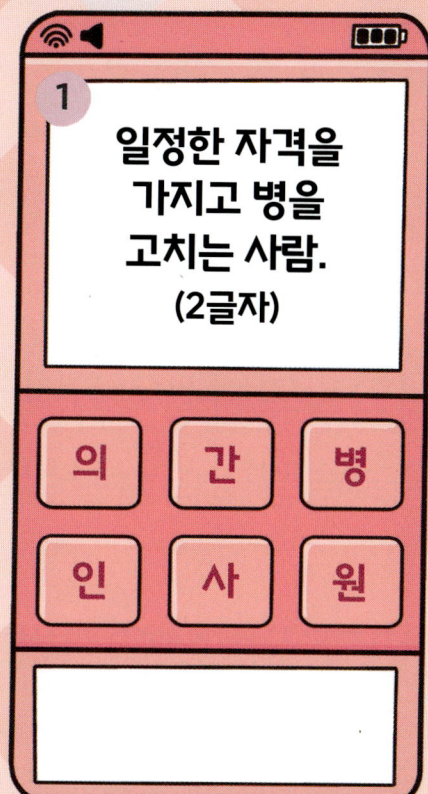
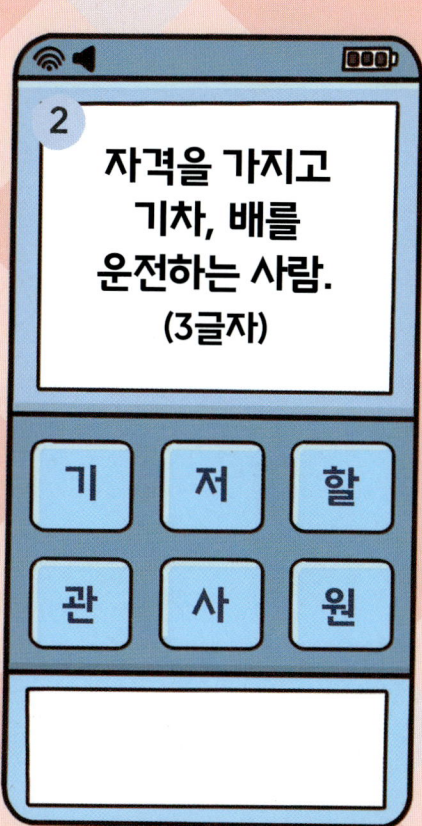
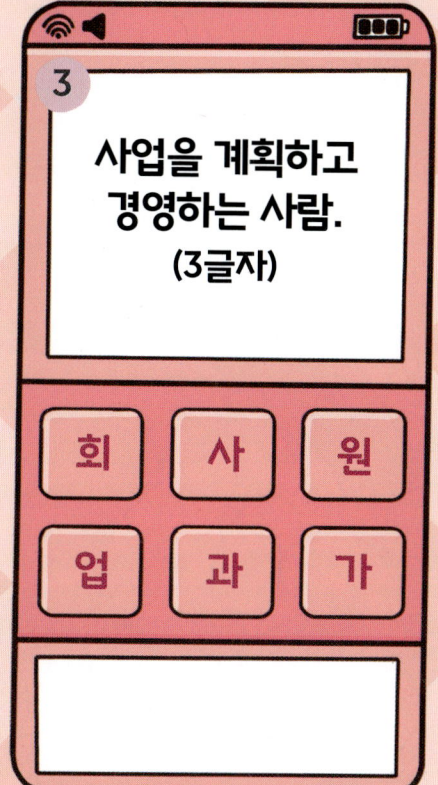
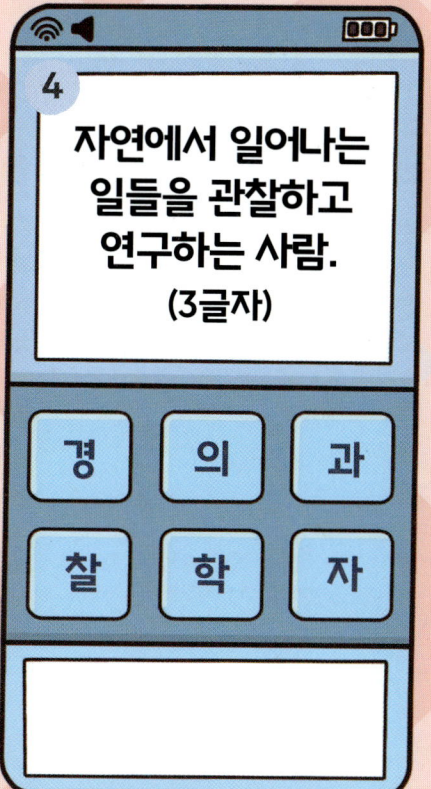
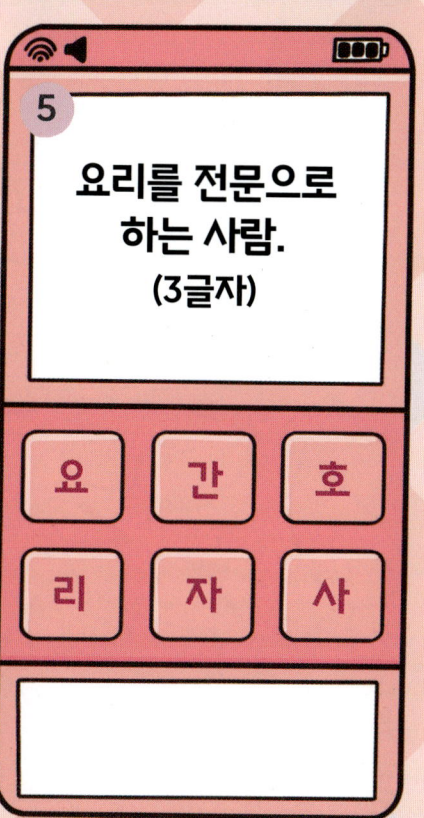

7 시끌벅적 말놀이, 잰말 놀이

✿ **정신을 쏙 빼놓자!**

시끄러운 것을 싫어하는 글자도둑에게 우리가 재미있지만 소리 내기 어려운 문장을 빠르고 크게 읽어 줍시다. 글자도둑의 정신이 쏙 빠지도록 말이에요.

괴뇌되뢰뫼뵈쇠외죄최쾨퇴푀회
걸널덜럴멀벌설얼절철컬털펄헐

곰발바닥 닭발바닥 범발바닥

작은 토끼 토끼통 옆 큰 토끼 토끼통
큰 토끼 토끼통 옆 작은 토끼 토끼통

⭐ 장미 한 마리?

잰말 놀이를 하며 하나, 둘, 셋 하고 숫자를 세자 글자도둑이 화가 나서 물건 셀 때 쓰는 말을 모두 흩어버렸어요. 물건 세는 말을 〈보기〉에서 찾아 줄을 따라간 곳에 써 보세요.

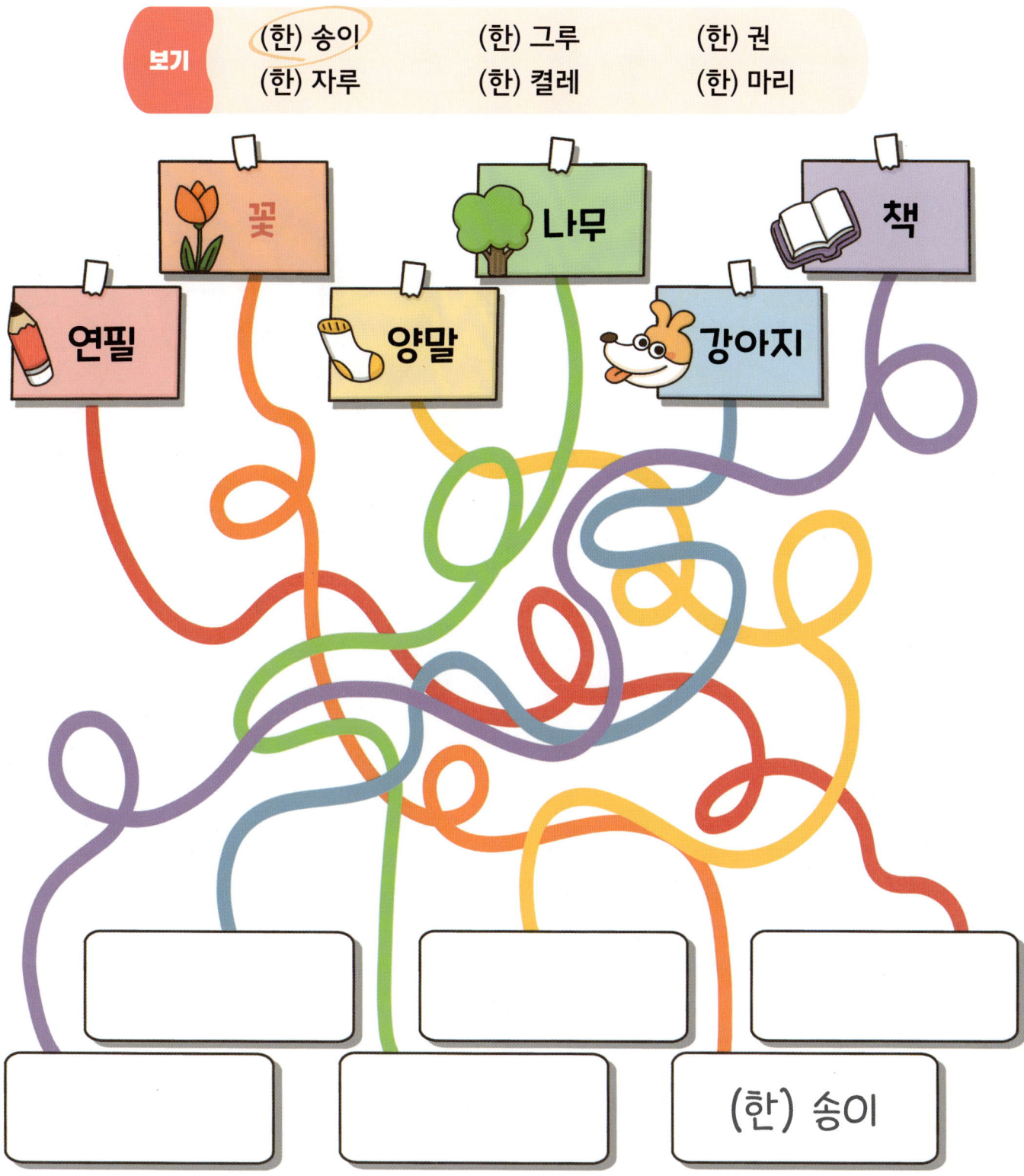

8. 룰루랄라 말놀이, 낱말 찾기

⭐ **학용품을 잡아라!**

글자도둑이 어린이들이 사용하는 학용품의 이름을 모두 후 불어 날려버렸어요. 얼른 다시 짝지어 주세요.

연, 가, 필, 스, 색, 합, 지, 개, 종, 이, 위, 크, 감, 물, 장, 공, 파, 종, 레, 우, 책

공책			

☆ **도깨비에게 색종이를 준다면?**

글자도둑이 원래 문장이었던 낱말들을 흩어 놓았어요.
남은 2개의 낱말로 새로운 문장을 만들어 주세요.

예
도깨비 색종이 → 도깨비가 색종이로 고깔모자를 만들었다.

아기 상어 튜브 →

펭귄 허수아비 →

카멜레온 카드 →

할아버지 상어 →

피노키오 경찰 →

# 숨은그림 찾기

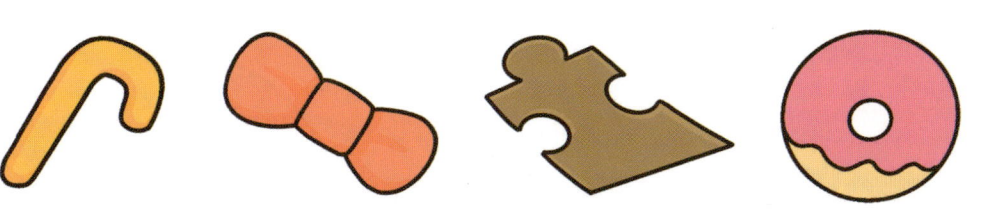

9 티격태격 말놀이, 꽁지 따기

★ 같은 말로 꼬리를 물자!

이번에는 우리가 '같은 말로 꼬리를 무는 말놀이'를 해서 글자도둑을 헷갈리게 해 보자.

예 │ 시장에 가면 → 떡볶이도 팔고 → 신발도 팔고 → …

놀이터에 가면

⭐ 우리 소꿉놀이할까?

글을 쓸 때 사용하는 '문장부호'를 글자도둑이 마구 먹어 치우고 있어요. 문장부호가 없으면 글을 이해하기 어렵거든요. 문장부호에 대한 설명을 잘 보고, 아래 파란색 칸에 알맞은 문장부호를 써 보세요.

마침표 `.` 설명하는 문장 끝에 쓴다.

쉼표 `,` 부르는 말이나 대답하는 말 뒤에 쓴다.

물음표 `?` 묻는 문장 끝에 쓴다.

느낌표 `!` 느낌을 나타내는 문장 끝에 쓴다.

큰따옴표 `" "` 인물이 소리 내어 한 말을 적을 때 쓴다.

작은따옴표 `' '` 인물이 마음속으로 한 말을 적을 때 쓴다.

햇볕은 쨍쨍☐ 모래알은 반짝☐
☐날씨가 좋으니 놀이터에서 소꿉놀이를 할까☐☐
나는 지수☐ 선우☐ 기쁨이를 불렀어요
☐지수야☐ 네가 오늘은 엄마 해☐
싫어☐ 이번에도 내가 아기할래☐
지수는 욕심쟁이☐ 맨날 자기 마음대로야☐
선우의 말을 들은 지수가 울면서 집에 가버리자 나는 속으로 걱정이 됐어요
☐지수가 엄마한테 가서 우리가 나쁜 말 했다고 이르면 어떡하지☐

10 신통방통 말놀이, 십자말풀이

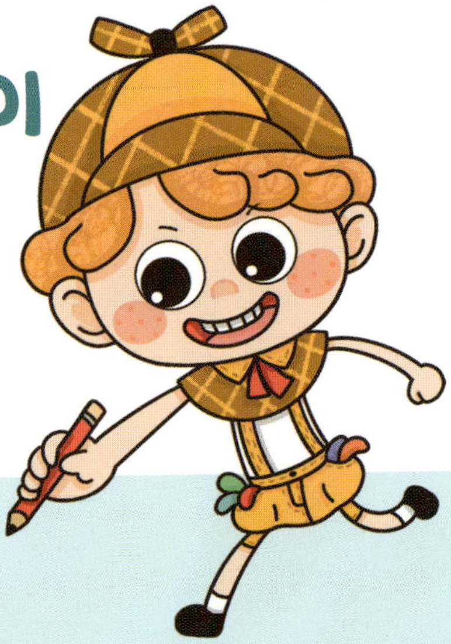

★ 어버이날 부모님 가슴에 다는 꽃!

가로, 세로의 설명을 잘 보고 답을 써서 글자도둑의 코를 납작하게 해주자!

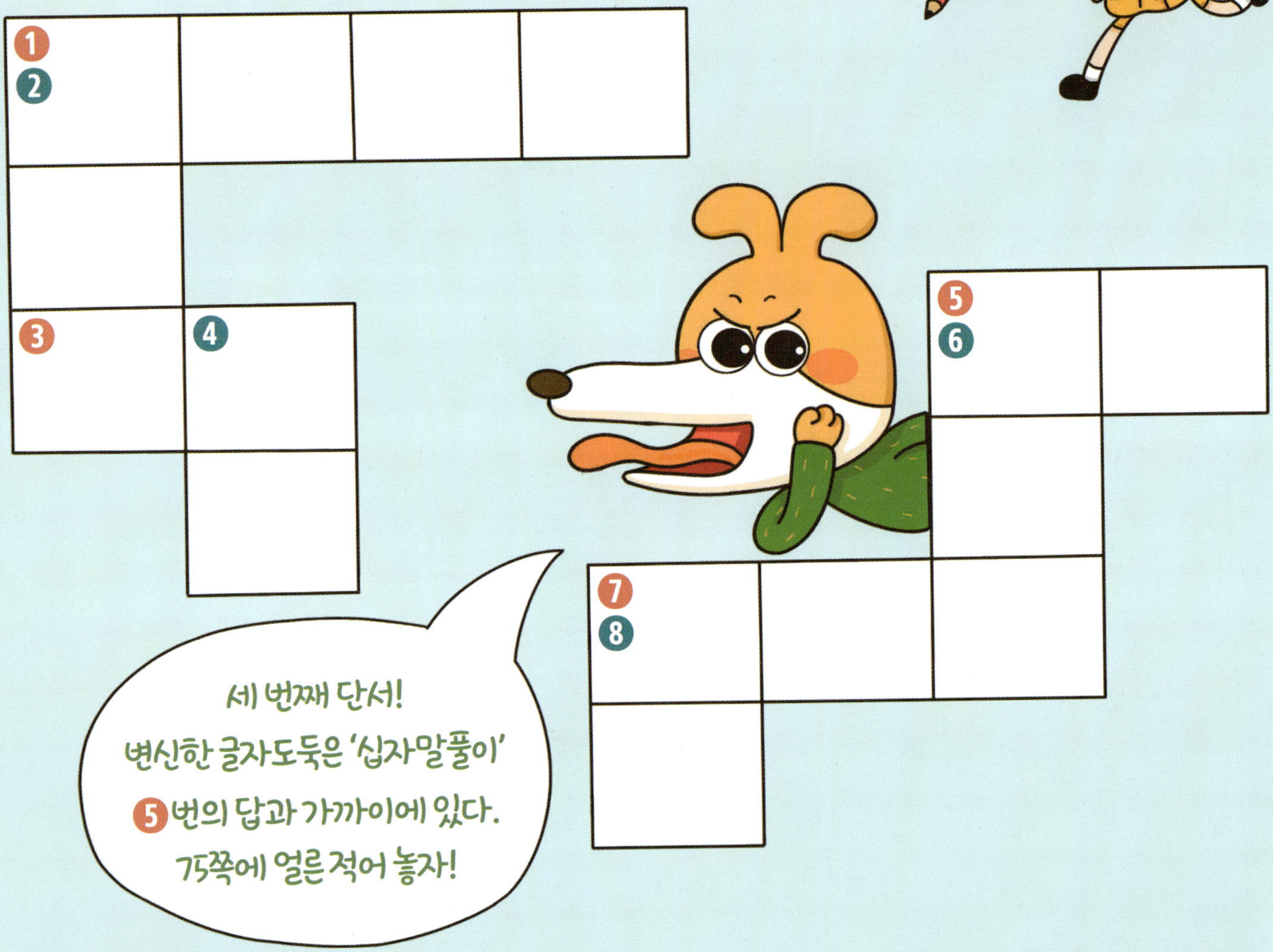

세 번째 단서!
변신한 글자도둑은 '십자말풀이'
❺번의 답과 가까이에 있다.
75쪽에 얼른 적어 놓자!

가로 도움말
1. 어버이날 부모님 가슴에 다는 꽃.
3. 국수를 증기로 익히고 기름에 튀겨서 말린 뒤, 가루 스프와 함께 끓여 먹는 즉석 면 요리.
5. 발판에 앉거나 서서 두 줄을 잡고 몸을 앞뒤로 움직여 높이 날 듯 타는 놀이기구.
7. 삼각형으로 된 자.

세로 도움
2. 사진을 찍을 때 사용하는 기계.
4. 끝에 솜을 동그랗게 말아 붙인 가느다란 막대.
6. 물체가 빛을 가려서 그 물체의 뒷면에 드리워지는 검은 그늘.
8. 아버지의 남동생을 부르는 말.

☆ '곤충'하면 어떤 곤충이 떠오르지?

놀이터에는 우리가 잘 모르는 곤충들도 산대요. 곤충을 생각하면 어떤 곤충이 떠오르나요? 아래 주제어를 보고 떠오르는 낱말을 써 보세요.

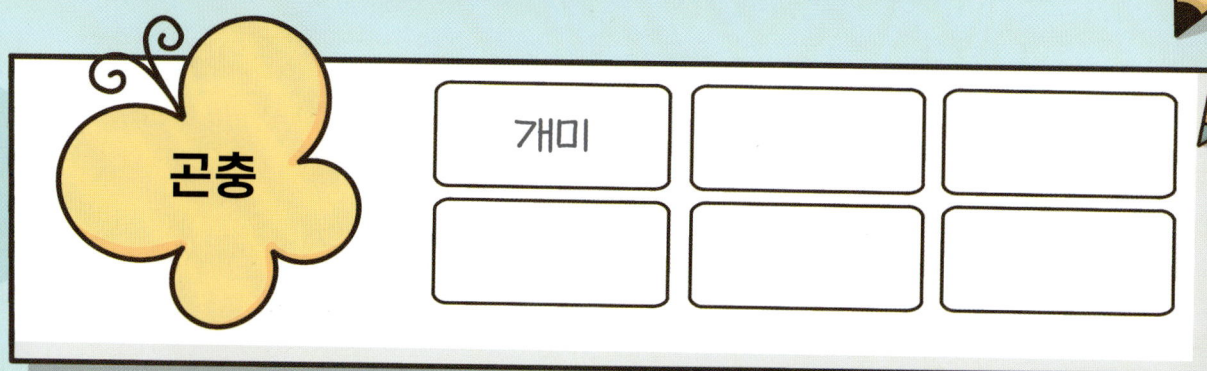

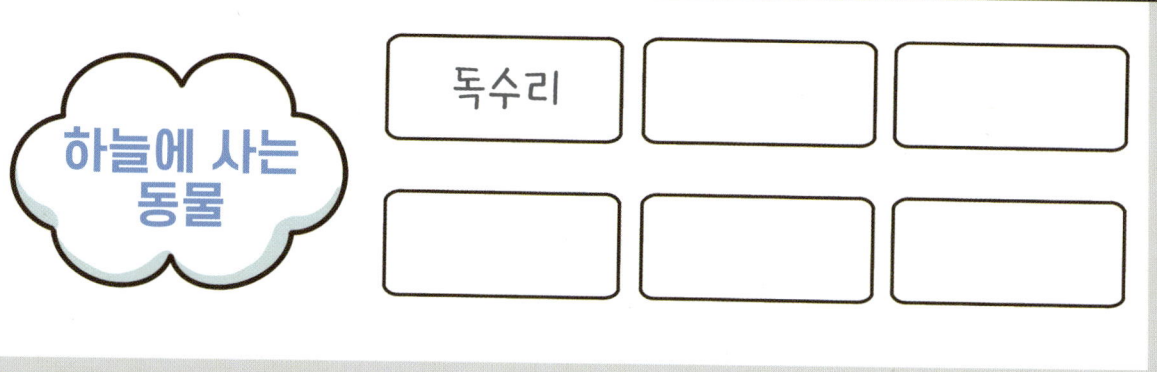

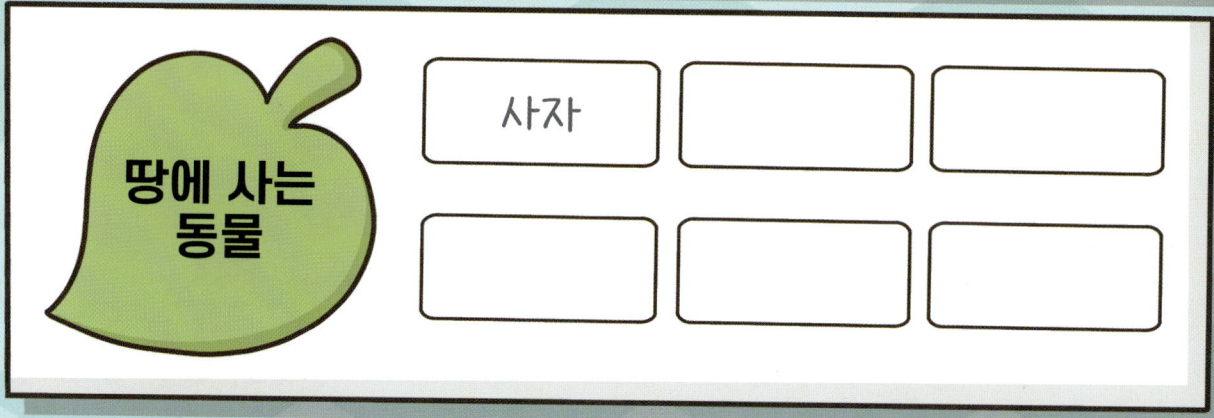

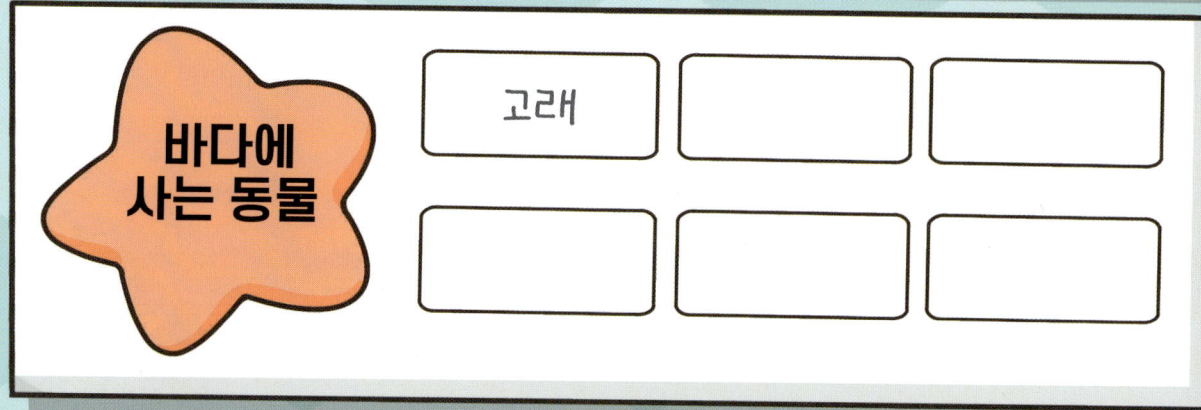

오순도순 말놀이, 속담 풀이

⭐ **동물이 등장하는 재미난 속담**

'속담'은 옛날 어른들의 지혜가 담긴 말이에요. 그 중 동물이 등장하는 재미난 속담도 많아요. 〈보기〉를 보고, 속담을 완성하세요.

보기 원숭이   지렁이   고슴도치   다람쥐   개구리

❶ ☐☐☐ 이도 밟으면 꿈틀한다

아무리 보잘것없는 것도 너무 업신여기면 가만있지 않는다는 뜻.

❷ ☐☐☐ 쳇바퀴 돌듯

앞으로 나아가거나 발전하지 못하고 똑같은 일만 되풀이한다는 뜻.

❸ ☐☐☐ 도 나무에서 떨어진다

아무리 익숙하고 잘하는 사람도 가끔 실수할 때가 있다는 뜻.

❹ ☐☐☐ 올챙이 적 생각 못 한다

지난 일은 생각지 못하고 처음부터 그랬던 것처럼 잘난 체한다는 뜻.

❺ ☐☐☐☐ 도 제 새끼는 함함하다고 한다

'함함하다'는 털이 보드랍고 반지르르하다는 뜻으로 부모눈에는 제 자식이 다 잘나고 귀여워 보인다는 뜻.

✦ 쓰레기 대 쓰래기, 뭐지?

글자도둑이 《놀이터에서 지켜야 할 일》의 내용을 틀린 글자와 함께 섞어 놓았어요. 바르게 쓴 글자에 동그라미 하세요.

① (쓰레기) / 쓰래기를 함부로 버리지 않아요.

② 놉픈 / 높은 곳에서 뛰어내리지 않아요.

③ 차례차례 / 차레차레 질서를 지켜요.

④ 반려동물은 대리고 / 데리고 오지 않아요.

⑤ 놀이기구를 거꾸로 / 꺼꾸로 타지 않아요.

⑥ 친구를 밀거나 당기지 / 땡기지 않아요.

⑦ 친구에게 모래를 푸리지 / 뿌리지 않아요.

⑧ 놀이 후에는 손을 깨끄시 / 깨끗이 씻어요.

12 알쏭달쏭 말놀이, 수수께끼

⭐ **공기 먹고 뚱뚱해지는 것이 있다!**

놀이터에서 볼 수 있는 것을 이용한 수수께끼를 큰소리로 말하면 글자도둑이 궁금해서 혹시 모습을 드러내지 않을까요?

❶ 하얀색 구름, 분홍색 구름이 막대에 걸려 있는 것은?
_____

❷ 동화는 동화인데 읽을 수 없는 동화는?
_____

❸ 손도 발도 없는데 나뭇잎을 마구 흔드는 것은?
_____

예) 다리로 올라갔다가 엉덩이로 내려오는 것은?
미끄럼틀

❹ 공기를 밥으로 먹고 뚱뚱해지는 것은?
_____

❺ 밟으면 밟을수록 잘 달리는 것은?
_____

❻ 하얀 것, 빨간 것 등 모든 것이 검게만 보이는 것은?
_____

❼ 코로도 먹을 수 있고, 입으로도 먹을 수 있는 것은?
_____

⭐ 두 번째 변신한 것은?

드디어 글자도둑이 무엇으로 변신했는지 길고 이상한 이름을 말해줬어요. 아래 글자로 낱말을 만들면 놀이터에 있는 놀이기구 이름이 나와요. 과연 무엇일까요? 낱말을 써 보세요.

고 구 시 장 름 미 소 마 녀 야

🌸 예) 고구마

1. _____   2. _____

3. _____   4. _____

5. _____   6. _____

7. _____   8. _____

내가 찾은 낱말 중에서 놀이터에 있는 기구는 무엇일까요?

[   ]

지금 찾은 놀이 기구가 첫 번째, 두 번째, 세 번째 찾은 단서와 맞는지 알아보자!

글자도둑을 찾아라

글자도둑이 두 번째로 변신한 것에 동그라미해 보세요. 코딱지탐정이 코딱지맛 젤리를 튕겨서 맞히도록 도와주세요.

III

글자도둑을 찾아라!

글자도둑이 변신한 모습을 코딱지탐정이 두 번 모두 찾아내자, 글자도둑은 약속대로 감옥으로 갔어요. 하지만 다른 도둑들까지 함께 있는 감옥에서 경찰서장은 누가 진짜 글자도둑인지 알 수 없었어요.

자, 이제 진짜 글자도둑이 누구인지 찾으러 가 볼까요? 아, 가슴 떨린다.

1 요리조리 말놀이, 암호 해독

☆ 글자도둑, 어디 있을까?

경찰서장님이 코딱지탐정에게 암호 편지를 보내왔어요. 글자도둑이 어느 감옥에 있는지 아무도 모르도록 말이에요. 〈암호 해독표〉를 보고 글자를 써 보세요.

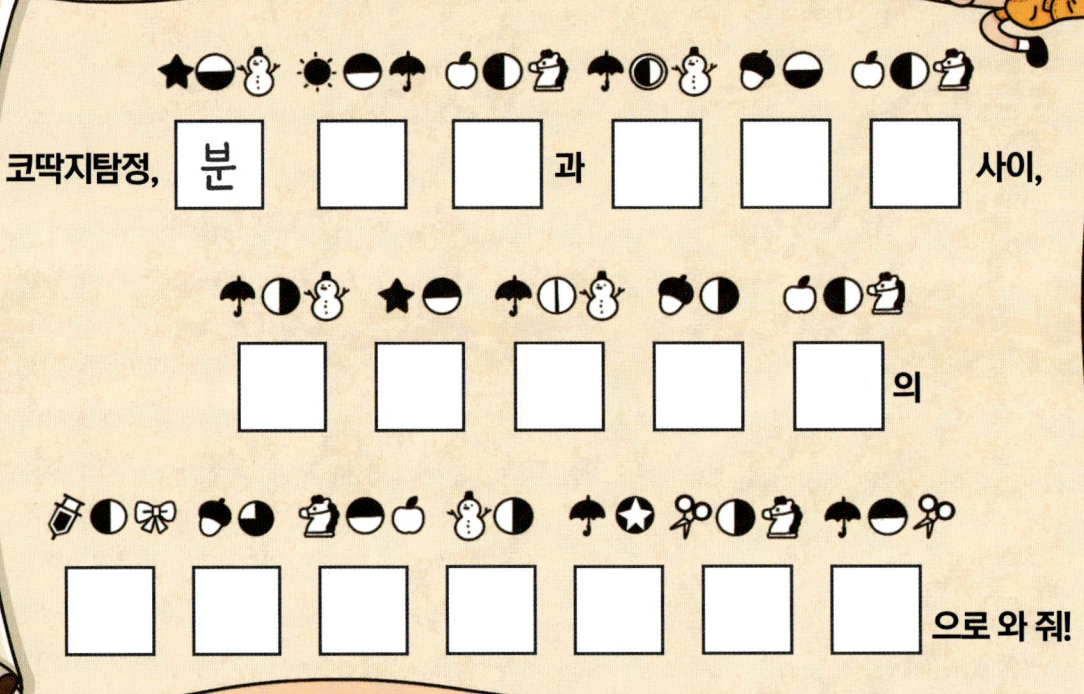

경찰서장님이 보낸 암호 편지를 차근차근 한글로 바르게 써 보세요.

🌼 도대체 무슨 말이지?

코딱지탐정이 감옥에 온다는 소식을 들은 글자도둑이 입구 벽면에 -경고-를 붙였어요. 어떻게 읽어야 할지 잘 생각해 보세요.

-고경-

.다프고 시몹 가배 금지 는나
면으않 지오 에전 사식 녁저
.다겠우치 어먹 두모 를자글 의안 옥감
!하하음

글자도둑이 쓴 -경고-를 한 글자씩 바르게 써 보세요.

2 뒤죽박죽 말놀이, 글자 조합

⭐ **글자도둑이 입은 옷을 알아내자!**

글자도둑이 첫 번째 단서를 흘리며 뛰어갔어요. 글자가 흩어지기 전에 발견한 문장을 써 보세요.

첫 번째 단서를 알아냈다. 잊기 전에 106쪽에 얼른 적어 놓자!

글자도둑이 흘린 글자들을 바르게 써 보세요.

☆ 무슨 색이 제일 많아?

글자도둑이 자기가 입은 바지 색깔을 알려주겠대요. →, ↓, ↘, ↗
방향으로 '빨강', '노랑', '초록' 낱말 중에서 제일 많은 색깔을 찾아보세요.

빨	강	초	록	노	랑
초	도	룩	노	빵	조
록	빨	록	로	오	초
강	롱	빨	노	록	롱
노	초	강	랑	로	빨
록	노	랑	초	록	강

빨강 _____번, 노랑 _____번, 초록 _____번.

그렇다면 제일 많은 _____ 색이 바로 글자도둑의 바지 색깔이야.

두 번째 단서를 알아냈다. 106쪽에 얼른 적어 놓자!

3 싱글벙글 말놀이, 초성 퀴즈

✡ **음식이 날아다닌다!**

꼬르륵, 글자도둑이 먹고 싶은 **음식**들을 생각하니 글자가 되어 날아다니네요. 음식들이 모두 사라지기 전에 초성 퀴즈를 맞혀 보세요.

| ㅇ | ㅇ | ㅅ | ㅋ | ㄹ |

| ㅍ | ㅈ |

| ㅊ | ㅋ |

| ㄱ | ㅊ |

| ㅉ | ㅈ | ㅁ |

| ㅂ | ㄱ | ㄱ |

| 돈 | 가 | 스 |

| ㄸ | ㅂ | ㅇ |

⭐ 비슷한 짝꿍 말을 없앤다고?

글자도둑이 세상에는 비슷한 말이 너무 많다고 없애버리겠다고 하네요. '아빠-아버지'처럼 비슷한 뜻을 가진 짝꿍 말을 〈보기〉에서 찾아 사다리를 타고 간 곳에 써 보세요.

보기: 단어 아우 동무 태양 아이 동네 계란 채소

⭐ **적당한 말로 내 마음 전달하기**

마음을 표현하는 말들을 글자도둑이 섞어버렸네요.
상황에 맞는 말로 연결해 주세요.

- 울지 않고 씩씩하게 예방접종 주사를 팔에 맞을 때.
- 병아리가 물 먹는 것을 보았을 때.
- 아무도 없는 것 같아 방귀를 뀌었는데 친구가 그 소리를 들었을 때.
- 설날 아빠가 친척들 앞에서 춤춰 보라고 할 때.
- 집에 혼자 있는데 도둑이 들어올 것 같을 때.
- 친구가 블록을 무너뜨렸는데 선생님이 나를 혼낼 때.
- 내가 화분에 심은 씨앗에서 새싹이 돋아났을 때.

- 창피해.
- 억울해.
- 귀여워.
- 용감해.
- 불안해.
- 부끄러워.
- 감격스러워.

미로찾기

5 아롱다롱 말놀이, 삼행시

☆ **우리도 멋지게 지을 수 있다!**

책상 위에 학용품, 하늘을 나는 새들도 삼행시를 지었다는 소식을 들은 글자도둑이 샘이 났어요. 과연 글자도둑과 코딱지탐정은 사행시, 오행시 짓기를 어떻게 했을까요?

예

코 코끼리야,
리 리, 리, 리 자로 끝나는 말이 뭔지 아니?

코
딱
지
탐
정

글
자
도
둑

✦ 담장이 허물어진다고?

글자도둑이 갇혀있는 감옥의 담장을 허물려고 해요.
그 벽에는 여러 가지 시설에 대한 설명이 있지요.
낱말의 뜻에 맞는 벽돌을 찾아 같은 색으로 칠해 주세요.

	편지나 소포 등을 모아 배달하는 일을 하는 곳.
	화재예방과 진압, 위험에 처한 사람을 도와주는 곳.
사람들의 생명과 재산을 보호하는 일을 하는 곳.	지역 주민들이 건강하도록 병을 예방하고 관리하는 곳.
	다양한 책과 자료를 모아 두고 사람들이 보거나 빌릴 수 있는 곳.
	민속품이나 예술품에 관한 자료를 모아서 보관하고 전시하는 곳.

우체국   **박물관**   **도서관**

보건소   **경찰서**   **소방서**

6. 옥신각신 말놀이, 다섯 고개

☆ **글자도둑이 무언가 들고 있다!**

'다섯 고개(다섯 번 질문해서 상대방이 마음속으로 정한 것을 알아맞히는 놀이)'를 맞히면 글자도둑이 네 번째 단서를 준대요. 잘 읽고 정답을 써 보세요.

1. 동물입니까?
   - 아닙니다.

2. 사람에게 필요한 물건입니까?
   - 그렇습니다.

3. 보통 모양이 동그란가요?
   - 아닙니다.

4. 들고다니며 사용합니까?
   - 그렇습니다.

5. 주로 전화할 때 사용합니까?
   - 그렇습니다.

정답은 (　　　　　　)입니다.
   - 네, 맞았습니다!

네 번째 단서!
변신한 글자도둑은 '다섯고개'의 답을 손에 들고 있다.
107쪽에 얼른 적어 놓자!

⭐ 글자도둑의 휴대전화 번호는?

글자도둑의 휴대전화 번호를 알 수 있다고 해요. 전화를 받으면 쉽게 찾을 수 있으니 번호를 맞혀 보세요. 아래 빈칸에는 **동물 이름**이 한 글자씩 빠져있어요. 잘 생각해서 써 보세요.

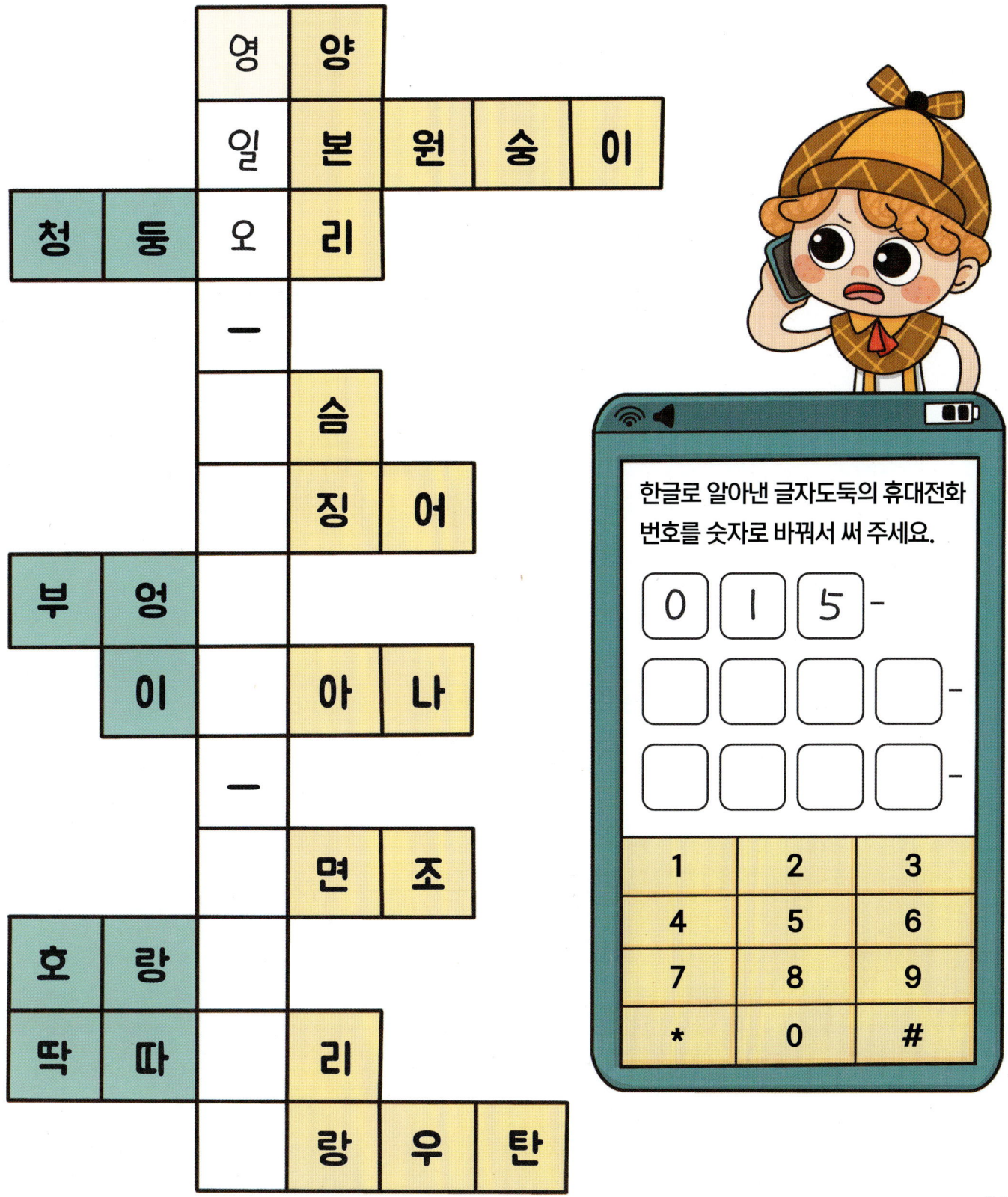

7 시끌벅적 말놀이, 잰말 놀이

☆ **혀가 배배 꼬인다!**

재미있지만 소리 내기 어려운 문장을 여러 번 빠르고 크게 읽어 보세요.
글자도둑이 정신을 못 차리도록 말이에요.

개 내 대 래 매 배 새 애 재 채 캐 태 패 해
곽 녁 독 록 목 복 속 왁 작 착 칵 탁 팍 확

강낭콩 옆 빈 콩깍지는 완두콩 깐 빈 콩깍지이고
완두콩 옆 빈 콩깍지는 강낭콩 깐 빈 콩깍지이다

꽁치김치찜 참치김치찜 갈치김치찜

☆ 너, 몇 살이니?

글자도둑은 나이를 자랑하려고 어른한테도 "너, 몇 살이니?" 하고 묻고 다닌대요. 아무래도 어른에게 쓰는 높임말을 모르나 봐요. 우리가 가르쳐 줄까요? 높임말을 〈보기〉에서 찾아 줄을 따라간 곳에 써 보세요.

보기 | 말씀 진지 댁 연세 성함 생신

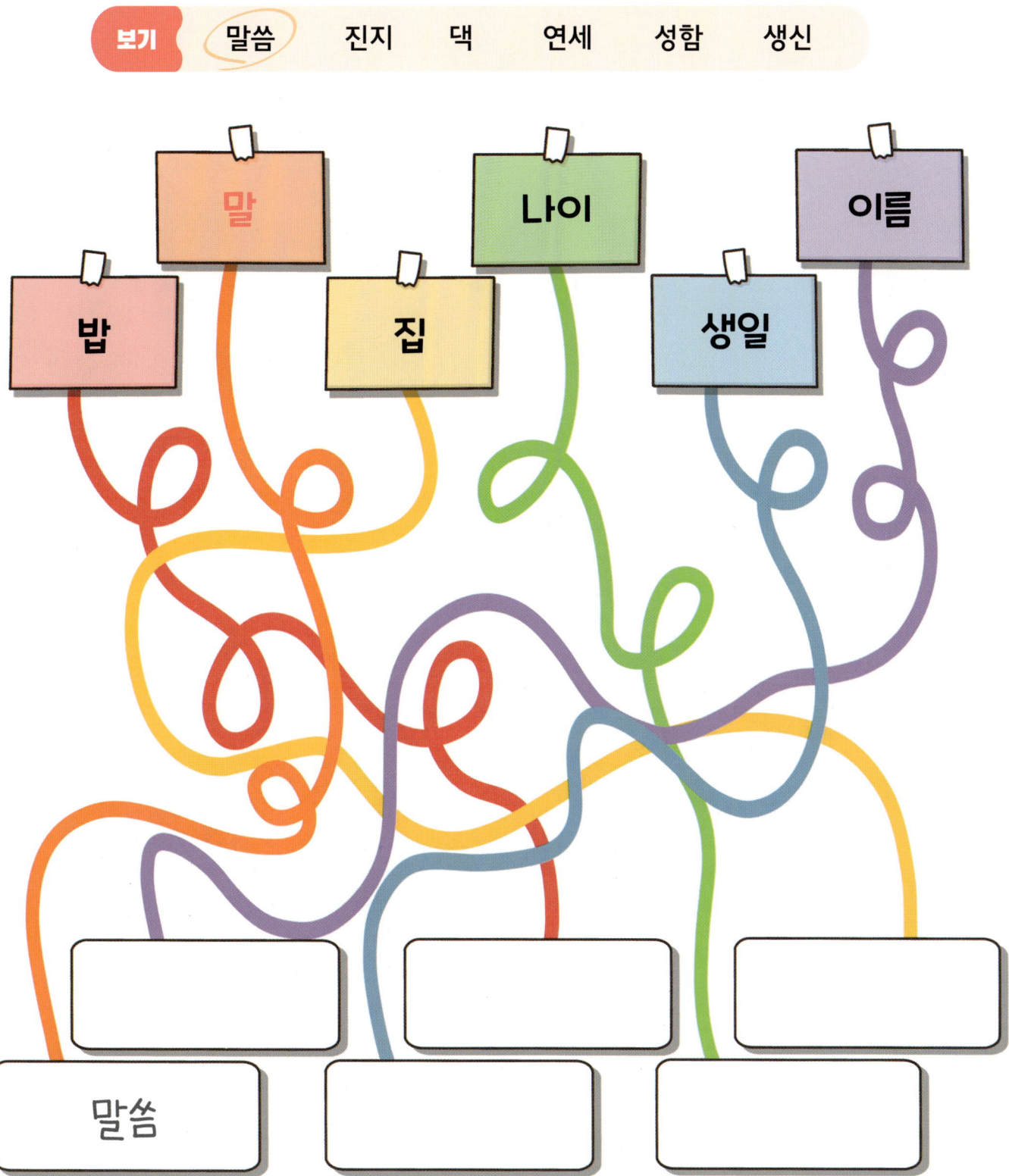

8 룰루랄라 말놀이, 낱말 찾기

⭐ **하늘 한 번 쳐다보자!**

글자도둑이 감옥에 있으니 답답하다며 하늘에서 볼 수 있는 것들의 이름을 모두 낱글자로 만들어 가져오려고 해요. 얼른 다시 짝지어 하늘로 돌려보내 주세요.

샛별			

⭐ **신데렐라와 콩쥐가 만난다면?**

글자도둑이 원래 문장이었던 낱말들을 흩어 놓았어요.
남은 세 개의 낱말로 새로운 문장을 만들어 주세요.

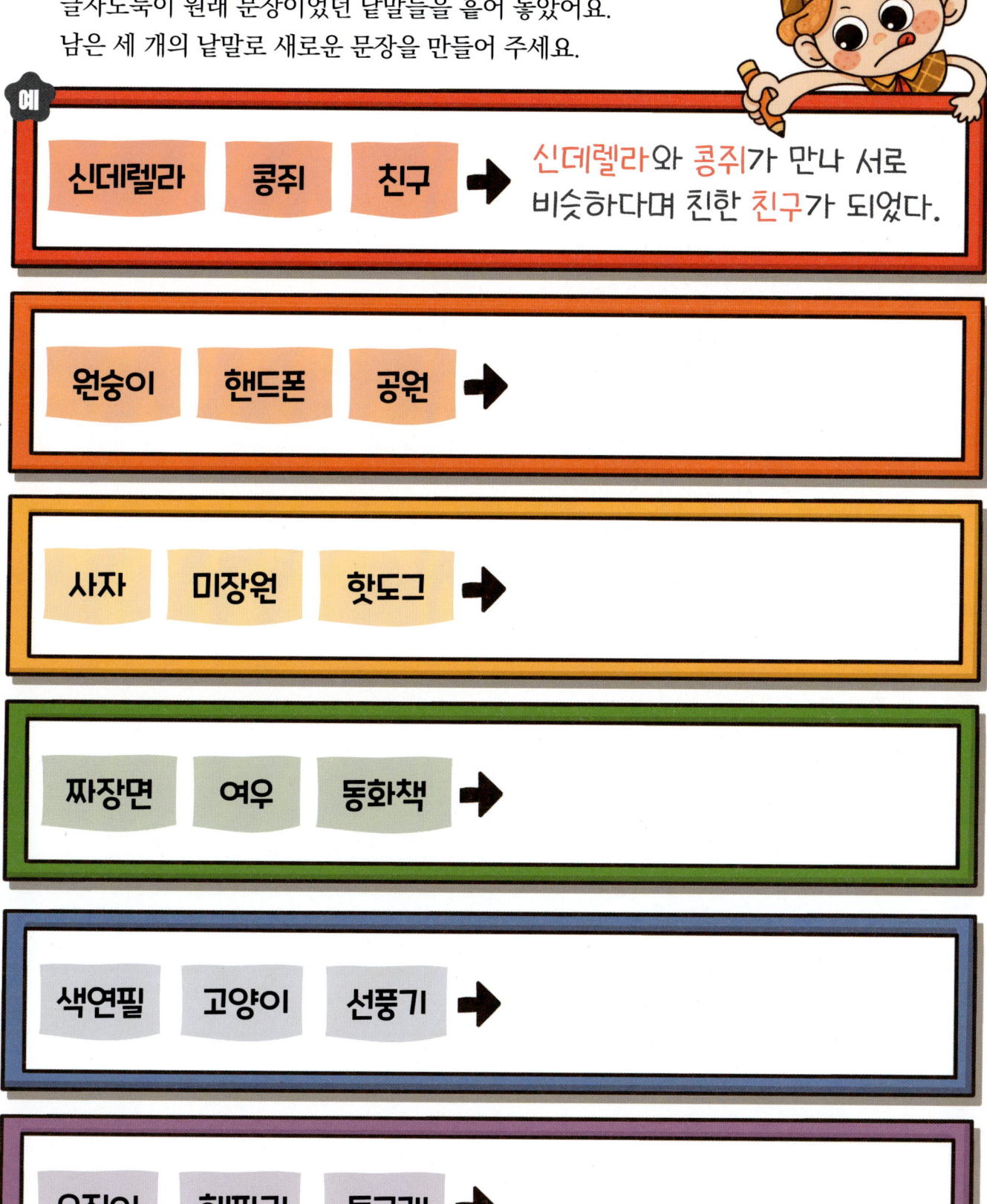

숨은그림 찾기

⭐ 그러나, 그래서, 뭐라고?

글자도둑이 '이어주는 말'을 섞어버리자 뜻을 이해하기 어려워졌어요. 〈보기〉에서 이어주는 말을 잘 골라서 문장을 바르게 연결해 주세요.

| 보기 | 그리고   그래서   그러나   그러면   또   왜냐하면 |

❶ 세라는 책을 많이 읽어요. [   ] 공부하기는 싫어하지요.

❷ 해나는 피아노를 잘 쳐요. [   ] 노래도 잘 하지요.

❸ 장난감가게에는 블록, 퍼즐이 있어요. [   ] 인형, 팽이도 있지요.

❹ 현우는 선생님께 혼이 났어요. [   ] 친구를 때렸기 때문이에요.

❺ 이 길로 계속 가세요. [   ] 백화점이 보일 거예요.

❻ 윤수는 게임을 너무 많이 했어요. [   ] 눈이 나빠졌지요.

신통방통 말놀이, 십자말풀이

⭐ **거미가 뽑아낸 그물!**

가로, 세로의 설명을 잘 보고 답을 써서 글자도둑의 코를 납작하게 해주자!

다섯 번째 단서!
변신한 글자도둑은 '십자말풀이'
❸의 답을 쓰고 있다.
107쪽에 얼른 적어 놓자!

가로 도움말

❶ 바라는 일이 있거나 기뻐서 두 손을 들고 외치는 말.
❸ 추위나 해를 피하기 위해 머리에 쓰는 것.
❺ 거미가 뽑아낸 그물 같은 줄.
❼ 같은 부모에게서 태어난 사이로 나이가 어린 사람.

세로 도움말

❷ 세 개의 선으로 둘러싸인 도형으로 삼각형과 비슷한 말.
❹ 사람이 타고 앉아 두 다리로 바퀴를 돌려서 가는 탈 것.
❻ 굵고 튼튼하게 꼰 줄.
❽ 초등학교에 다니는 학생.

⭐ '운동'하면 어떤 운동이 떠오르지?

글자도둑은 운동을 잘 할까요? 갑자기 궁금해지네요. 어쨌든 여기서는 아래 주제어를 보고 떠오르는 낱말을 써 보세요.

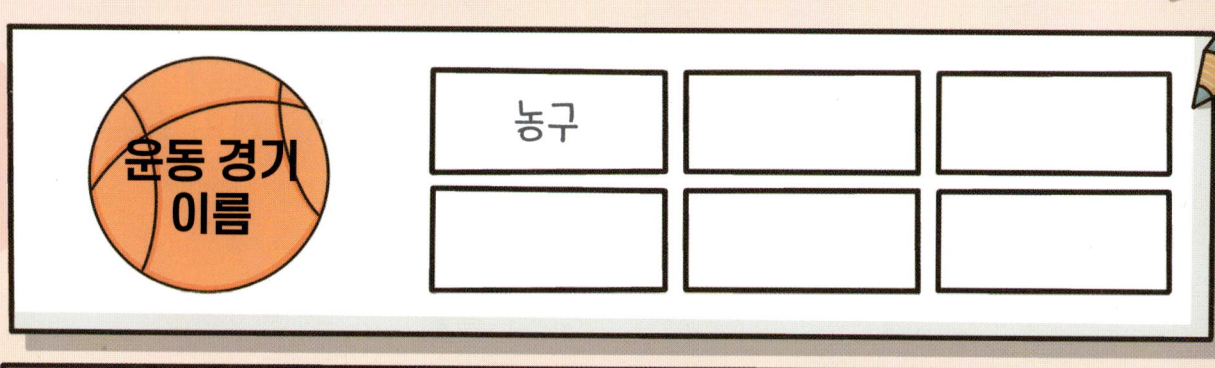

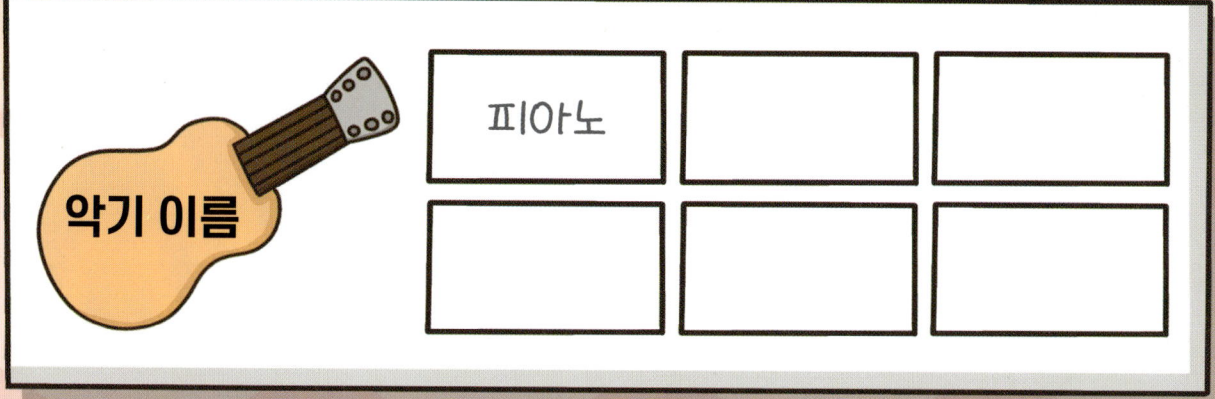

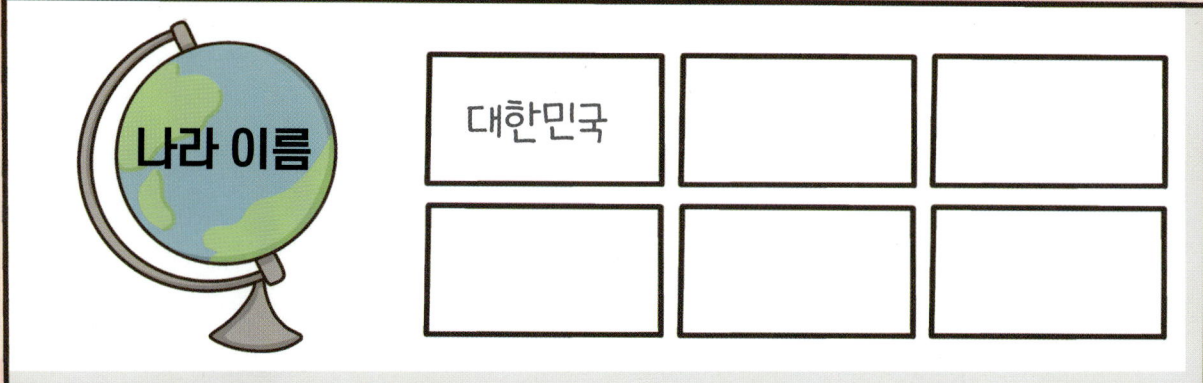

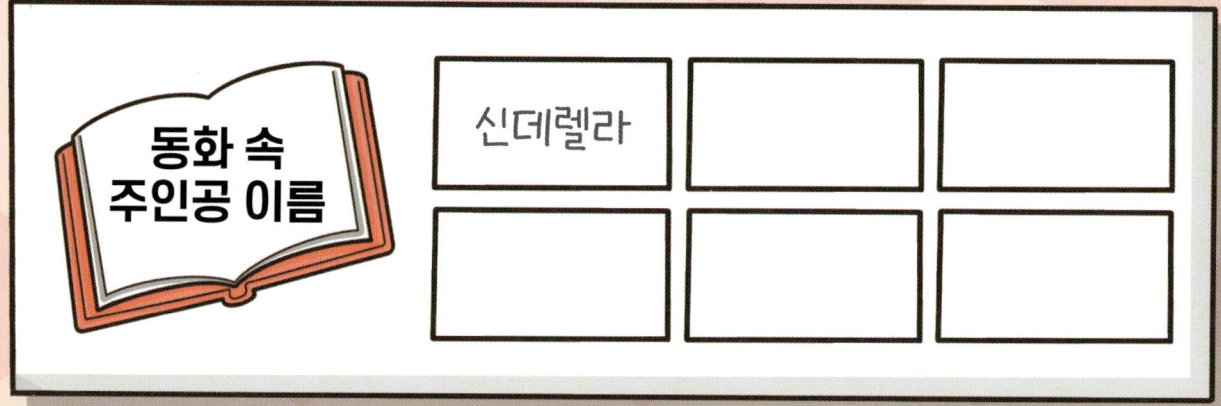

11 오순도순 말놀이, 속담 풀이

⭐ **글자도둑에게 알려주고 싶은 속담**

'속담'은 옛날 어른들의 지혜가 담긴 말이에요. 그래서 글자도둑에게 알려주고 싶은 속담들이 많이 있지요. <보기>를 보고, 속담을 완성하세요. 아참, 글자도둑이 확실히 배우도록 정말 예쁘게 써 주세요.

| 보기 | 콩, 팥   기역   바늘   말, 말   도둑 |

❶ ☐☐ 도둑이 소도둑 된다

나쁜 일을 자꾸 하면 버릇이 되어 나중에는 큰 잘못을 한다는 뜻.

❷ ☐☐이 제 발 저리다

지은 죄가 있으면 마음이 조마조마해져서 결국에는 자기도 모르게 잘못을 드러낸다는 뜻.

❸ 가는 ☐이 고와야 오는 ☐이 곱다

내가 먼저 남에게 잘해 주어야 남도 나에게 잘해 준다는 뜻.

❹ 낫 놓고 ☐☐자도 모른다

'ㄱ'자를 닮은 낫을 보고도 기역자를 모른다는 뜻.

❺ 콩 심은 데 ☐ 나고, 팥 심은 데 ☐ 난다

모든 일은 원인에 따라 거기에 걸맞은 결과가 생긴다는 뜻.

⭐ 발가락 대 발꼬락, 뭐지?

글자도둑이 바르게 쓴 글자와 틀린 글자를 함께 섞어 놓았어요.
바르게 쓴 글자에 동그라미 하세요.

① **(발가락)** / 발꼬락을 움찔움찔해요.

② 넘어져서 무릅 / 무릎이 까졌어요.

③ 배꼽 / 뱃곱을 파면 배가 아프지요.

④ 엽구리 / 옆구리가 당기도록 스트레칭해요.

⑤ 땀이 나서 겨드랭이 / 겨드랑이가 간질거려요.

⑥ 팔꿈치 / 팔꿈찌가 꼬질꼬질해요.

⑦ 어께 / 어깨를 당당하게 펴고 걸어요.

⑧ 새 신발을 신어서 뒤꿈치 / 뒷굼치가 까졌어요.

12 알쏭달쏭 말놀이, 수수께끼

⭐ **병아리가 잘 먹는 약이 있다!**

동물에 대한 재미있는 수수께끼를 큰소리로 말하면
글자도둑이 궁금해서 혹시 모습을 드러내지 않을까요?

예) 등에 분수를 짊어지고 다니는 동물은?
고래

① 평생 부채를 달고 다니는 새는?

② 등에 집을 짊어지고 매일 이사 다니는 동물은?

③ 어부도 아닌데 언제나 그물을 치는 것은?

④ 물구나무서기를 하면 '문'이 되는 동물은?

⑤ 앞으로 불러도 뒤로 불러도 이름이 똑같은 새는?

⑥ 소가 친구를 만났을 때 하는 인사말은?

⑦ 병아리가 제일 잘 먹는 약은?

⭐ 마지막 단서를 찾아라!

드디어 글자도둑을 찾을 수 있는 마지막 단서를 알게 됐어요. 아래 글자로 낱말을 만들면 글자도둑이 입은 옷에 대한 힌트를 찾을 수 있어요. 과연 무엇일까요? 낱말을 써 보세요.

| 오 | 징 | 배 | 단 | 빠 | 추 | 어 | 풍 | 리 | 선 |

예 오징어

1.
2.
3.
4.
5.
6.
7.
8.

글자도둑의 옷에는 _____ 가 있다!

마지막 단서를 107쪽에 적어 보자!

글자도둑, 바로 너야!

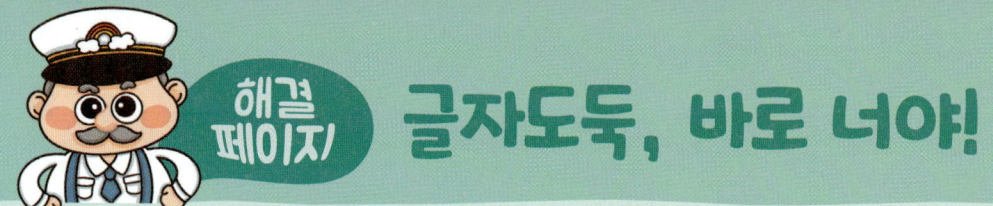

코딱지탐정이 코딱지맛 젤리를 튕겨서 맞히도록 글자도둑을 크게 표시해 주세요.

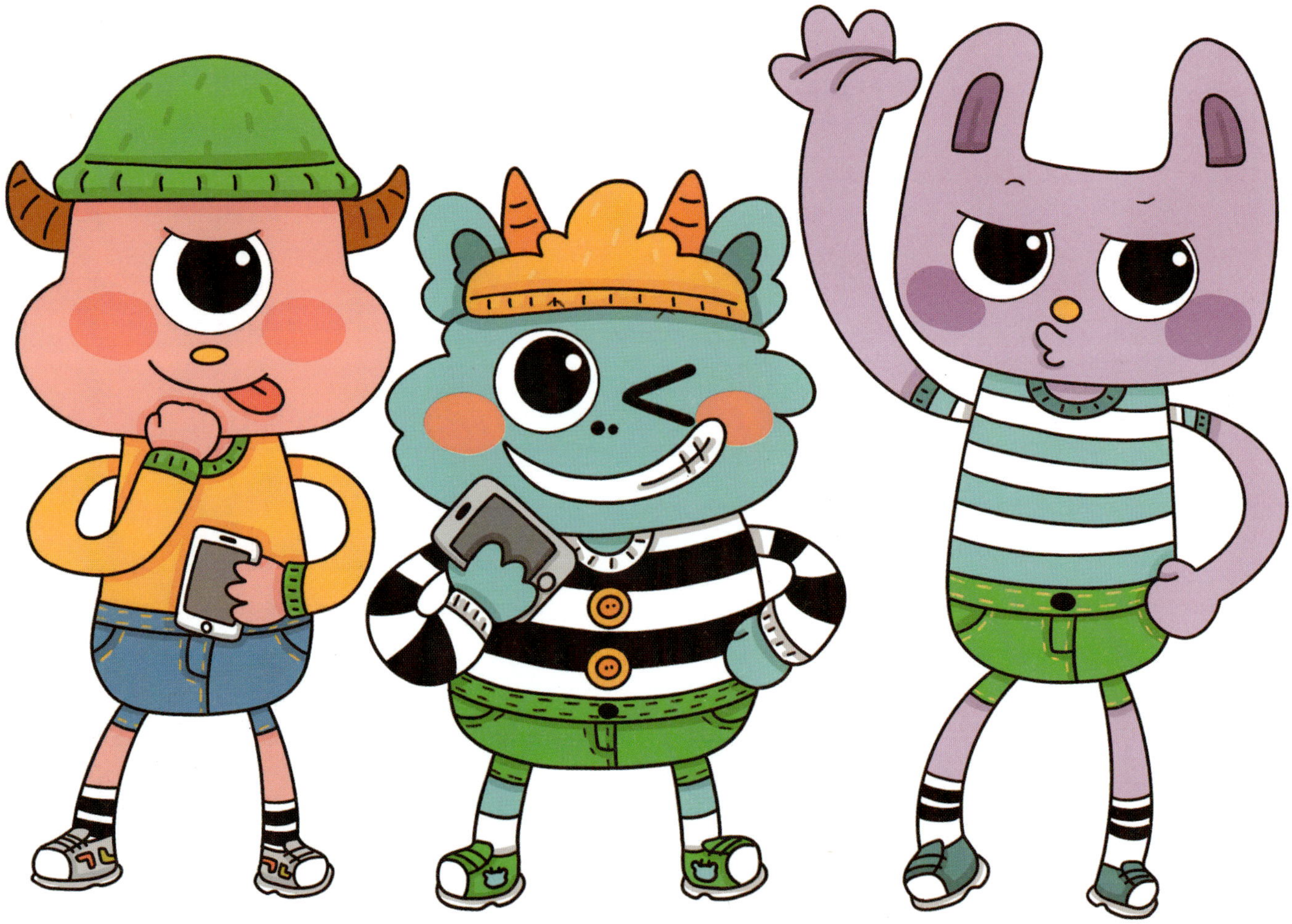

첫 번째 단서

_____을(를) 입었다.

두 번째 단서

바지 색깔은 _____이다.

세 번째 단서

_____을(를) 신었다.

네 번째 단서

_____을(를)

들고 있다.

다섯 번째 단서

_____을(를)

쓰고 있다.

마지막 단서

글자도둑의 옷에는

_____(이)가 있다.

ANSWER

도움 답안과 지도 가이드

여기에는 어린이들이 더 재미있게 공부할 수 있는 방법과 도움이 되는 답이 있어요. 삼행시 짓기, 문장 만들기 등 말놀이는 우리 친구들이 더 창의적인 생각을 했을 거라 믿어요.

도움 답안과 지도 가이드

I. 집안의 글자가 사라진다!

1. 요리조리 말놀이, 암호 해독

> **지도 Tip** 한글의 기본 구성은 모음(홀소리) 10개와 자음(닿소리) 14개로 소리와 문자가 일대일로 대응하는 표음문자이면서 적은 수의 자모를 모아서 많은 수의 소리를 기록하는 음절문자입니다. 그래서 한 음절은 '모음(아), 자음+모음(가), 모음+자음(악), 자음+모음+자음(간)' 이렇게 4가지 조합으로 만들어지지요. '암호 해독'에 관한 활동은 한글이 4가지 조합으로 만들어진다는 것을 은연중에 알아보는 활동입니다.

- 지금 당장 **무지개마을**, **행복아파트**로 와라!
- **1글자 낱말:** 나, 너, 비, 소, 이, 자, 차, 초, 키, 파, 피 등
  2글자 낱말: 가지, 구두, 노루, 사자, 오이, 우리, 치타, 타조, 포도, 하마 등
  3글자 낱말: 고구마, 너구리, 다리미, 도라지, 두루미, 러시아, 리어카, 아시아 등

2. 뒤죽박죽 말놀이, 글자 조합

> **지도 Tip** 하나의 글자가 어떻게 만들어질 수 있는지 모음 또는 받침 자음으로 끊으며 한 개의 음절을 만들어 띄어가며 문장을 만들어 보는 활동입니다. 또한 모음 'ㅐ, ㅔ, ㅣ' 등을 비교하며 정확한 글자를 찾아내 봄으로써 낱자의 차이를 알아보도록 합니다.

- 현관에 꽃다발이 걸린 집으로 와라!
- 6마리

3. 싱글벙글 말놀이, 초성 퀴즈

> **지도 Tip** '초성퀴즈'는 글자의 첫소리인 자음만을 보고 낱말을 맞추는 게임으로 아이들이 좋아하는 말놀이 중 하나입니다. 아이들이 어려워하면 첫 글자만 가르쳐주거나 수수께끼처럼 접근하는 것도 좋은 방법입니다. 평소에도 다양한 주제로 접근하면 어휘력 향상에 도움이 될 것입니다.

- 텔레비전, 냉장고, 침대, 청소기, 에어컨, 세탁기, 소파
- 주방-부엌, 싱크대-부뚜막, 거실-마루, 창고-헛간, 화단-꽃밭, 마당-뜰, 담장-울타리

4. 알콩달콩 말놀이, 끝말잇기

> **지도 Tip** '끝말잇기'는 아이들에게 가장 친숙한 말놀이입니다. '끝말잇기'는 '말 잇기'의 하나로 낱말의 끝음절을 이어가면 '끝말잇기', 낱말의 첫음절을 이어가면 '첫 글자 말 잇기', 낱말의 끝음절을 이어가면 '끝 글자 말 잇기'가 됩니다. 조금 어려울 수 있으나 세 음절로 된 낱말 중에서 가운데 음절을 이어가는 '말허리 잇기'도 있습니다. 아이들의 수준에 맞춰 끝말잇기가 잘 되면 다른 말잇기로 발전시켜 주세요. 그리고 말놀이 도중 맞춤법에 너무 신경을 쓰면 아이들이 위축될 수 있으니 맞춤법이 조금 틀려도 바로 지적하지 않고, 흐름상 맞으면 조금 넘어가는 것도 괜찮습니다.

- 냄비 → 비행기 → 기차 → 차선 → 선물 → 물음표 → 표지 → 지렁이 → 이슬 → …
  도마 → 마술사 → 사자 → 자전거 → 거미 → 미역 → 역사 → 사탕 → 탕수육 → …
- 힘 내! – 친구가 줄넘기를 할 때.
  고마워! – 친구가 잃어버린 내 장난감을 찾아줬을 때.
  잘 가! – 즐겁게 놀고 친구와 헤어질 때.
  축하해! – 친구가 미술대회에서 상을 탔을 때.
  괜찮아? – 친구가 넘어졌을 때.
  미안해! – 모르고 친구를 밀었을 때.

쉬어가기 미로찾기

5. 아롱다롱 말놀이, 삼행시

지도 Tip '삼행시'는 세 줄로 이루어진 간단한 시의 일종으로 음절에 맞춰 간단하게 지어보는 말놀이입니다. 시를 짓는 것은 어렵게 느껴지지만 삼행시는 주어진 글자가 있기 때문에 거기에 맞춰 간단하게 지어볼 수 있어요. 2음절 낱말이면 이행시, 4음절 낱말이면 사행시가 되므로 'N행시'라고도 해요. 삼행시는 첫 음절에 맞춰 짓되 전체 내용이 하나로 연결되면 더 잘 짜여 진 시가 되지요.

- 지: 지하철을 타고
  우: 우체국에 갔는데
  개: 개그맨이 있어서 깜짝 놀랐어요.
  색: 색종이로
  연: 연꽃을 곱게 접어
  필: 필통에 넣었어요.

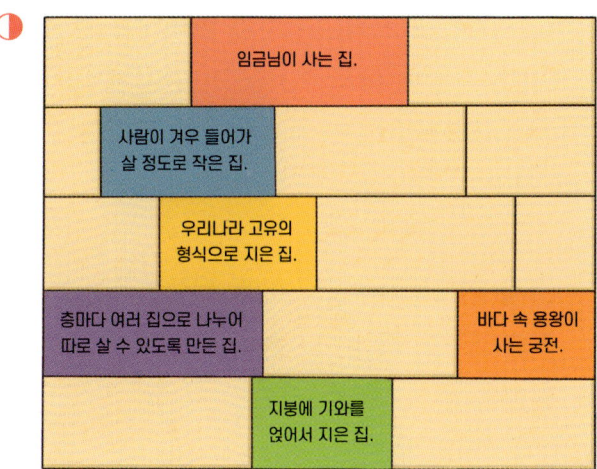

6. 옥신각신 말놀이, 다섯 고개

지도 Tip '다섯 고개'는 질문하는 사람과 대답하는 사람을 먼저 정한 후 질문하는 사람은 미리 '정답'을 마음속으로 정하고, 대답하는 사람은 다섯 번 물어보고 그에 대한 답을 들으면서 문제의 정답을 맞히는 놀이입니다. 다섯 고개 놀이는 말로 하는 퍼즐로 문제 내는 사람의 생각을 잘 읽어야 합니다. 질문과 대답을 다섯 번하면 다섯 고개, 스무 번까지 하게 되면 '스무 고개'가 되지요. 눈으로 보지 않고 머릿속 상상만으로 진행되는 말놀이로 평소에도 아이들과 즐겁게 진행해 보세요.

- 에어컨(또는 선풍기)
- ❶ 고모 ❷ 외삼촌 ❸ 할머니
  ❹ 외할아버지 ❺ 이모

도움 답안과 지도 가이드

7. 시끌벅적 말놀이, 잰말 놀이

> **지도 Tip** '잰말 놀이'는 '빠른 말놀이'라고도 하는데 빨리 발음하기 어려운 문장을 빠르게 말하는 놀이입니다. 잰말 놀이에 사용하는 문장은 비슷하지만 서로 다른 소리를 교대시켜 일부러 어렵게 만들었지요. 여러 번 반복해서 말하면 혀가 꼬이기도 하지만 은근히 승부욕이 솟고, 발음도 좋아지기 때문에 아이들과 자주 하면 좋습니다.

- **고개:** 갸우뚱갸우뚱 **어깨:** 으쓱으쓱
  가슴: 두근두근 **손:** 꼼지락꼼지락
  엉덩이: 씰룩씰룩

8. 룰루랄라 말놀이, 낱말 찾기

> **지도 Tip** 여러 가지 낱글자를 가지고 단어를 만들어 보는 활동은 아이들에게 어휘력을 길러주는 것은 물론 진행 과정에서는 집중력을 길러주고, 완성이 되었을 때는 성취감을 느끼게 해주는 활동입니다. 처음에는 주제를 가지고 찾아보다가 어느 정도 실력을 쌓게 되면 주제어 없이 낱말을 찾아보게 하는 것이 바람직합니다. 평소 거리를 지나갈 때 간판이나 현수막으로 새로운 낱말을 만들어 보는 것도 재미있는 언어학습이 됩니다.

- 수건, 칫솔, 비누, 샴푸, 거울, 휴지, 면도기
- – **공룡**이 뜨거운 **호떡**을 먹다가 혓바닥을 데었다.
  – 유에프오를 타고 나타난 **외계인**이 나와 **딱지** 시합을 하자고 한다.
- – 꿀꿀 **돼지**에게 **컴퓨터**를 주면 과연 할 수 있을까?
  – **꿀벌**은 멋지게 하늘을 날고 힘이 센 **독수리**가 부러웠다.
  – **자동차** 모양의 **솜사탕**을 나온다면 내가 제일 먼저 사먹어야지!

쉬어가기 숨은그림 찾기

9. 티격태격 말놀이, 꽁지 따기

> **지도 Tip** '꽁지 따기 말놀이'는 재미있는 말 잇기 놀이의 하나로 "원숭이 엉덩이는 빨개~"로 시작해서 노래처럼 연결이 되지요. 꽁지 따기 말놀이는 쉬워 보이지만 알고 보면 사물의 특징을 알고 이를 말로 표현할 수 있어야 가능합니다. 그리고 상대방이 있어 주고받는 말놀이가 되면 언어 순발력도 생기지요. 또 상대가 하는 말을 잘 들어야 가능하기 때문에 듣기 능력과 순발력, 사물의 특징알기, 상황에 따른 어휘력 등이 향상됩니다. 놀이 삼아 아이들과 말놀이를 즐겨 보세요.

- **코딱지는** 코에서 나오지 → 코에서 나오는 건 코피 → 코피는 빨개 → 빨가면 장미 → 장미는 향기로워 → 향기로우면 내 방귀 → 방귀는 뿡뿡

→ 뿡뿡하면 방귀대장 → …

우리		가족은		아버지	,		어머니	,		나예
요	.		맞	다	!		말썽꾸러기		강아지		뭉치도
있	지	요	.							
	어제는		화장실		휴지를		다	뜯어	났거든
요	.		하지만		뭉치가		꼬리를		흔들며	따
라	오	면		너무		귀여워요	.		뭉치는		따뜻하
고	,		포근하고	,		보드랍지요	.		
	"	뭉치야	,		너는		내가		제	일	좋아	?	"
이	렇게		물어보면		언제나		"	멍	멍	"	하
는		걸		봐서		뭉치도		저를		좋아하는		게
확	실	해	요	.							
	"	뭉치야	,		사	랑	해	!	"	

10. 신통방통 말놀이, 십자말풀이

지도 Tip '십자말풀이'는 바둑판같은 바탕에 가로와 세로에 있는 문제의 답을 쓰는 낱말 퀴즈입니다. 그냥 퀴즈 맞추기도 재미있지만 첫 번째 문제부터 정확한 정답이 들어가야만 다음 가로와 세로의 답을 연결할 수 있기 때문에 요리조리 신경을 써야 하지요. 마침내 모든 칸을 완성했을 때 오는 뿌듯함이 매력입니다. 다양한 십자말풀이를 즐겨보세요. 어휘력 향상에도 많은 도움이 된답니다.

음식: 떡볶이, 잡채, 불고기, 피자, 돈가스, 치킨, 오므라이스, 쌀국수 등

꽃: 백합, 무궁화, 진달래, 개나리, 해바라기, 무궁화, 나팔꽃, 동백꽃 등
과일: 딸기, 복숭아, 포도, 참외, 자두, 수박, 메론, 체리, 파인애플, 귤 등
색깔: 빨강, 노랑, 주황, 파랑, 초록, 보라, 검정 등

11. 오순도순 말놀이, 속담 풀이

지도 Tip '속담'은 예로부터 전해지는 조상들의 지혜가 담긴 짧은 구절이에요. 그래서 속담을 많이 알게 되면 비유 능력을 포함하는 언어표현력이 발달하게 되지요. 하지만 옛날 말이나 요즘 사용하지 않는 낱말들이 있어 익숙하지 않으니 아이들이 이해할 수 있는 정도로 설명을 해주시는 게 좋아요. 실제 상황을 통해서 속담을 알아보고, 실생활에 많이 적용할 수 있도록 해 주세요.

- ❶ 여든 ❷ 시작 ❸ 하늘 ❹ 태산 ❺ 나무
- ❶ 떡볶이 ❷ 된장찌개 ❸ 깍두기 ❹ 볶음밥 ❺ 핥아 ❻ 부침개 ❼ 삶아요 ❽ 끓어요

12. 알쏭달쏭 말놀이, 수수께끼

지도 Tip '수수께끼'는 어떤 사물이나 표현을 바로 말하지 않고 빗대어 한 말을 알아맞히는 말놀이에요. 그래서 수수께끼를 자주 접하다보면 사물을 보는 새로운 시각을 갖게 되고, 창의력과 상식은 물론 어휘력이 발달하지요. 다른 사람이 만든 수수께끼도 즐기지만 주변에 있는 물건을 관찰하여 특징을 생각한 후 직접 수수께끼를 만들어 보는 것도 수수께끼를 즐기는 좋은 방법이지요.

도움 답안과 지도 가이드

◐ ❶ 냄비 ❷ 쓰레기통(휴지통) ❸ 의자
   ❹ 이불 ❺ 주전자 ❻ 와장창 ❼ 설거지

◐ **청소기**, 돼지, 바지, 바퀴, 청소, 청바지, 공기, 청룡, 공원, 청원, 소원, 지원, 기원 등

해결 페이지 글자도둑을 찾아라

- **첫 번째 단서:** 주방
- **두 번째 단서:** 에어컨(또는 선풍기)
- **세 번째 단서:** 소파
- **변신한 것:** 청소기

Ⅱ. 놀이터의 글자가 사라진다!

1. 요리조리 말놀이, 암호 해독

◐ 지금 당장 **지혜초등학교** 옆, **신난다놀이터**로 와라!

◐ **1글자 낱말:** 간, 감, 갓, 강, 검, 공, 국, 굴, 궁, 글, 길 등
2글자 낱말: 갑옷, 공기, 공부, 국어, 국자, 군인, 굴비, 길이, 김밥, 깃발 등
3글자 낱말: 감나무, 강낭콩, 검은색, 곱하기, 공휴일, 굴다리, 금강산, 금요일, 길거리 등

2. 뒤죽박죽 말놀이, 글자 조합

◐ 울고 있는 아이들을 먼저 달래라!

◐ 5개

3. 싱글벙글 말놀이, 초성 퀴즈

◐ 시소, 그네, 미끄럼틀
나팔꽃, 무궁화, 장미, 해바라기

◐ 많다-적다, 넓다-좁다, 무겁다-가볍다, 크다-작다, 길다-짧다, 열다-닫다, 낮다-높다

4. 알콩달콩 말놀이, 첫 글자 잇기

◐ **시소** → 시계 → 시금치 → 시골 → 시험 → 시장 → 시청 → 시민 → 시간 → …
미끄럼틀 → 미역 → 미나리 → 미국 → 미더덕 → 미술 → 미소 → 미닫이 → …

◐ **고마워.** - 감사합니다.
미안해. - 죄송합니다.

축하해. – 축하드려요.
아프니? – 편찮으세요?
밥 먹자. – 진지 잡수세요.
잘 자. – 안녕히 주무세요.

쉬어가기 미로찾기

5. 아롱다롱 말놀이, 삼행시

- 무: 무늬가 이상한
  지: 지렁이를 보고
  개: 개가 멍멍 짖어요.

  비: 비가 오는 날
  둘: 둘레길을 걷다가
  기: 기러기 떼를 보았어요.

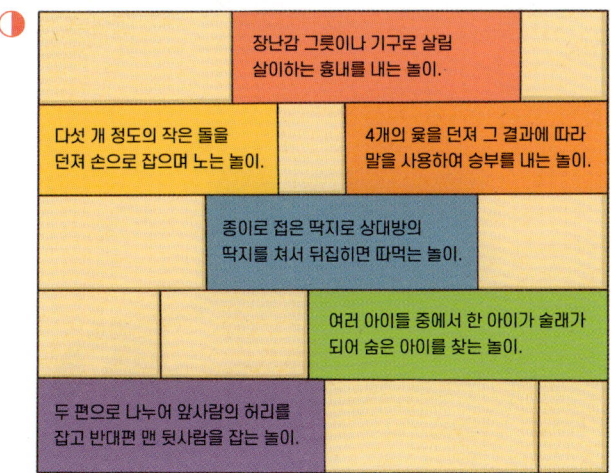

6. 옥신각신 말놀이, 다섯 고개

- 나팔꽃
- ❶ 의사 ❷ 기관사 ❸ 사업가 ❹ 과학자
  ❺ 요리사

7. 시끌벅적 말놀이, 잰말 놀이

- **나무:** (한) 그루 **책:** (한) 권
  연필: (한) 자루 **양말:** (한) 켤레
  강아지: (한) 마리

8. 룰루랄라 말놀이, 낱말 찾기

- 연필, 지우개, 가위, 물감, 종합장, 색종이, 크레파스
- – 아기상어에게 튜브를 준다면 과연 탈까, 타지 않을까?
  – 펭귄이 허수아비를 만나 "너는 누구니?" 하고 물었다.
  – 몸 색깔을 바꾸는 카멜레온이 과연 카드도 바꿔치기 할 수 있을까?
  – 할아버지가 상어를 보고 너무 멋있어서 엄지를 치켜 올리셨다.
  – 피노키오는 거짓말을 해서 경찰이 자기를 잡으러 온 줄 알고 도망쳤다.

쉬어가기 숨은그림 찾기

도움 답안과 지도 가이드

9. 티격태격 말놀이, 꽁지 따기

● 놀이터에 가면 → 그네도 있고 → 미끄럼틀도 있고 → 정글짐도 있고 → 그네도 있고 → 모래판도 있고 → 벤치도 있고 → 욕심쟁이도 있고 → 우는 아이도 있고 → …

●
햇	볕	은		쨍	쨍	,		모	래	알	은		반	짝	.
'	날	씨	가		좋	으	니		놀	이	터	에	서		소	꿉	놀	이
를		할	까	?	'
나	는		지	수 ,|	선	우 ,		기	쁨	이	를		불	렀	어
요	.
"	지	수	야 ,		네	가		오	늘	은		엄	마		해	!	"
"	싫	어	.		이	번	에	도		내	가		아	기	할	래	. "
"	지	수	는		욕	심	쟁	이	!		맨	날		자	기		마	음
대	로	야	. "
선	우	의		말	을		들	은		지	수	가		울	면	서		집
에		가	버	리	자		나	는		속	으	로		걱	정	이		됐	어
요	.
'	지	수	가		엄	마	한	테		가	서		우	리	가		나	쁜
말		했	다	고		이	르	면		어	떡	하	지	? '

10. 신통방통 말놀이, 십자말풀이

●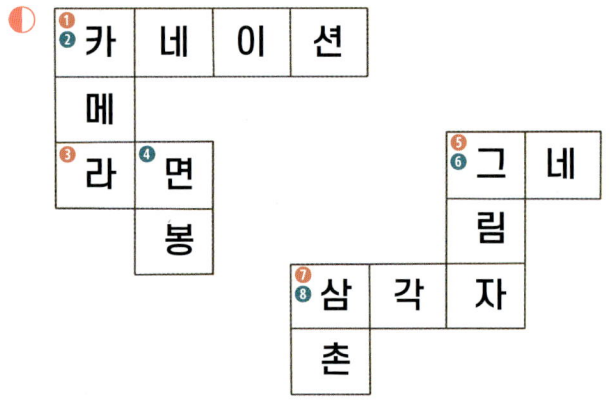

● **곤충:** 메뚜기, 사마귀, 여치, 잠자리, 장수풍뎅이, 사슴벌레, 무당벌레 등

하늘에 사는 동물: 뻐꾸기, 두루미, 딱따구리, 비둘기, 참새, 매, 종달새 등

땅에 사는 동물: 개, 여우, 낙타, 기린, 얼룩말, 코뿔소, 돼지, 염소, 사슴 등

바다에 사는 동물: 상어, 수달, 해마, 새우, 낙지, 오징어, 가오리, 참치 등

11. 오순도순 말놀이, 속담 풀이

● ❶ 지렁이 ❷ 다람쥐 ❸ 원숭이 ❹ 개구리 ❺ 고슴도치

● ❶ 쓰레기 ❷ 높은 ❸ 차례차례 ❹ 데리고 ❺ 거꾸로 ❻ 당기지 ❼ 뿌리지 ❽ 깨끗이

12. 알쏭달쏭 말놀이, 수수께끼

● ❶ 솜사탕 ❷ 운동화 ❸ 바람 ❹ 풍선 ❺ 자전거 ❻ 그림자 ❼ 공기

● **시소**, 고구마, 구름, 시장, 장미, 미소, 마녀, 고장, 야구, 야구장, 장소, 장마, 야시장, 소장, 미녀, 소녀, 시녀, 장녀, 고름, 소름 등

해결페이지 글자도둑을 찾아라

● **첫 번째 단서:** 미끄럼틀, 그네, 시소
● **두 번째 단서:** 나팔꽃
● **세 번째 단서:** 그네
● **변신한 것:** 시소

Ⅲ. 글자도둑을 찾아라!

1. 요리조리 말놀이, 암호 해독
- 코딱지탐정, 분홍섬과 연두섬 사이, 안보인다섬의 절대못나와감옥으로 와 줘!
- - 경고 - 나는 지금 배가 몹시 고프다. 저녁 식사 전에 오지 않으면 감옥 안의 글자를 모두 먹어 치우겠다. 음하하!

2. 뒤죽박죽 말놀이, 글자 조합
- 나는 줄무늬 티셔츠를 입었다!
- 빨강: 4번, 노랑: 3번, 초록: 5번
  제일 많은 색깔: 초록색

3. 싱글벙글 말놀이, 초성 퀴즈
- 아이스크림, 김치, 피자(또는 파전), 치킨, 짜장면, 불고기, 떡볶이
- 어린이-아이, 동생-아우, 친구-동무, 해-태양, 달걀-계란, 야채-채소, 마을-동네

4. 알콩달콩 말놀이, 끝 글자 잇기
- 개미 → 거미 → 매미 → 두루미 → 다리미 → 장미 → 동치미 → 동그라미 → …
  비둘기 → 아기 → 태극기 → 딸기 → 불고기 → 깍두기 → 이야기 → 감기 → …
- **창피해.** - 아무도 없는 것 같아 방귀를 뀌었는데 친구가 그 소리를 들었을 때
  억울해. - 친구가 블록을 무너뜨렸는데 선생님이 나를 혼낼 때.
  귀여워. - 병아리가 물 먹는 것을 보았을 때.
  불안해. - 집에 혼자 있는데 도둑이 들어올 것 같을 때.
  부끄러워. - 설날 아빠가 친척들 앞에서 춤춰 보라고 할 때.
  감격스러워. - 내가 화분에 심은 씨앗에서 새싹이 돋아났을 때.

쉬어가기 미로찾기

5. 아롱다롱 말놀이, 삼행시
- **코:** 코뿔소와
  딱: 딱따구리를 좋아하던 어린이가
  지: 지구의 멸종 위기 동물을
  탐: 탐구하기 위해
  정: 정글 탐험대원이 되었어요.

  글: 글자를 알아 신이 난 책 먹는 여우가
  자: 자전거를 타고
  도: 도서관에 가려고
  둑: 둑길을 신나게 달려요.

도움 답안과 지도 가이드

◐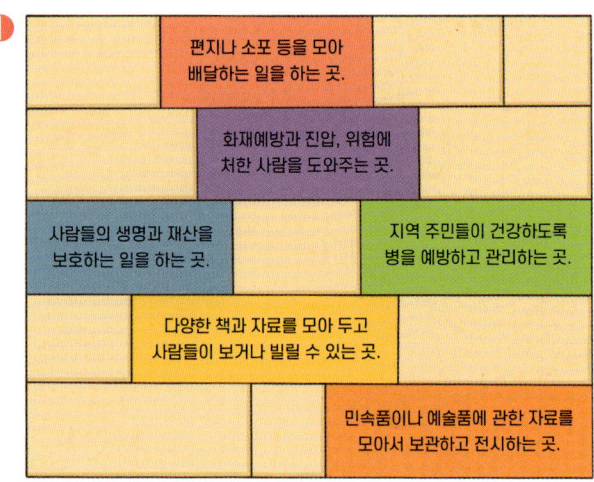

쉬어가기 **숨은그림 찾기**

6. 옥신각신 말놀이, 다섯 고개
◐ 휴대전화(핸드폰)
◐ 015-4529-7295

7. 시끌벅적 말놀이, 잰말 놀이
◐ **나이:** 연세　**이름:** 성함　**밥:** 진지
　집: 댁　**생일:** 생신

8. 룰루랄라 말놀이, 낱말 찾기
◐ 태양, 반달, 구름, 노을, 번개, 무지개, 오로라
◐ - **원숭이**가 새로 산 **핸드폰**을 자랑하러 **공원**에 갔다.
- **사자**가 **미장원**에 가서 파마를 하고 기분이 좋아서 **핫도그**를 사먹었다.
- **짜장면**을 먹고 배가 부른 **여우**가 **동화책**을 보다가 잠이 들었다.
- 색연필로 **고양이**가 그림을 그린 게 아니라 **선풍기**에 넣어서 고장을 냈다.
- **오징어**가 **해파리**에게 "너는 **돌고래**를 본 적이 있니?"라고 물었다.

9. 티격태격 말놀이, 꽁지 따기
◐ **하나는 뭐니?** 하늘에 해님 → **둘은 뭐니?** 안경알 두 개 → **셋은 뭐니?** 세발자전거의 바퀴 세 개 → **넷은 뭐니?** 식탁의 다리 네 개 → **다섯은 뭐니?** 오각형의 선분 다섯 개 → **여섯은 뭐니?** 우리 모둠 친구 여섯 명

◐ ❶ 그러나　❷ 그리고　❸ 또　❹ 왜냐하면
　❺ 그러면　❻ 그래서

10. 신통방통 말놀이, 십자말풀이
◐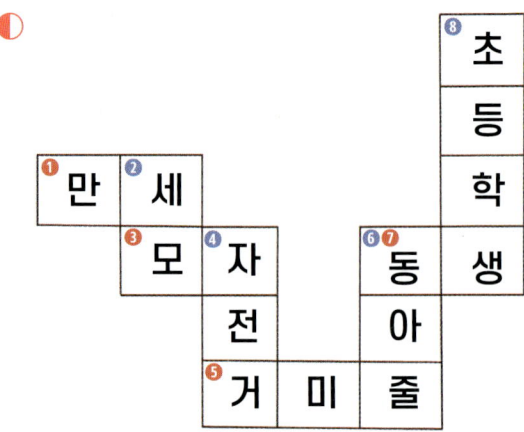

◐ **운동 경기 이름:** 태권도, 수영, 야구, 축구, 핸드볼, 골프, 탁구, 테니스 마라톤 등
악기 이름: 기타, 바이올린, 드럼, 탬버린, 리코더 캐스터네츠, 하모니카 등

나라 이름: 콩고, 이집트, 이란, 베트남, 인도, 캐나다, 브라질, 칠레, 러시아 등

동화 속 주인공 이름: 알라딘, 라푼젤, 피터팬, 손오공, 심청, 콩쥐, 견우, 흥부 등

11. 오순도순 말놀이, 속담 풀이

- ❶ 바늘 ❷ 도둑 ❸ 말, 말 ❹ 기역 ❺ 콩, 팥
- ❶ 발가락 ❷ 무릎 ❸ 배꼽 ❹ 옆구리 ❺ 겨드랑이 ❻ 팔꿈치 ❼ 어깨 ❽ 뒤꿈치

12. 알쏭달쏭 말놀이, 수수께끼

- ❶ 공작 ❷ 달팽이 ❸ 거미 ❹ 곰 ❺ 기러기 ❻ 반갑소 ❼ 삐약
- **단추**, 배추, 단어, 풍선, 단풍, 오빠, 어선, 추리, 오리, 단오, 단선, 추풍, 추어, 오단 등

 글자도둑을 찾아라

- **첫 번째 단서:** 줄무늬 티셔츠
- **두 번째 단서:** 초록색
- **세 번째 단서:** 운동화
- **네 번째 단서:** 휴대전화(핸드폰)
- **다섯 번째 단서:** 모자
- **마지막 단서:** 단추

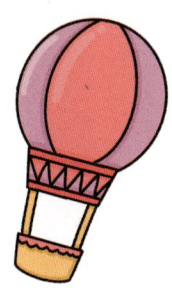

글자도둑 사건을 멋지게 해결한 여러분에게 주는 상이에요.
여러분은 어떤 탐정이었는지 생각하여 상의 이름을 짓고, 자기 모습을 그려 상장을 완성해 보세요!
(완성한 상장을 인스타그램, 블로그에 자랑하세요. 추첨을 통해 푸짐한 상품을 드려요!)
@bookdadaz   blog.naver.com/bookdadaz